Maria,

mulher do sorriso

ROSANGELA VEGETTI

Maria,
mulher do sorriso

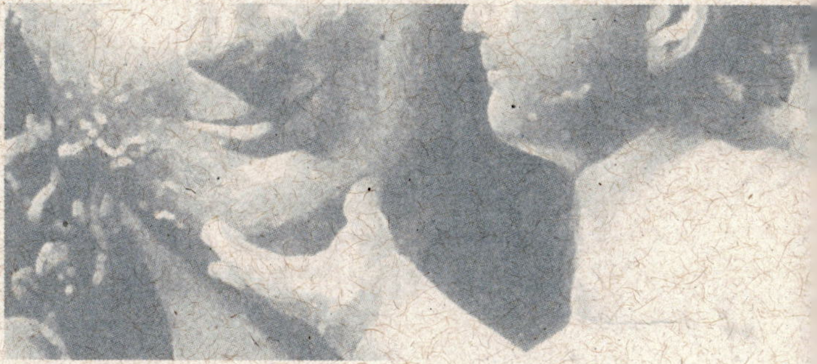

PREFÁCIO
de Silvia Vegetti Finzi

TRADUÇÃO
Alda da Anunciação Machado

Edições Loyola

Título original:
Maria, donna del sorriso
© 2004 ANCORA S.r.l.
Via G. B. Niccolini, 8 – 20154 Milano
ISBN 88-514-0194-2

Preparação: Albertina P. Leite Piva
Projeto Gráfico: Maurélio Barbosa
Revisão: Renato da Rocha

Edições Loyola
Rua 1822, 347 – Ipiranga
04216-000 São Paulo, SP
Caixa Postal 42.335 – 04218-970 São Paulo, SP
T 55 11 2914 1922
F 55 11 2063 4275
editorial@loyola.com.br
vendas@loyola.com.br
www.loyola.com.br

ISBN 978-85-15-03572-4

Sumário

Apresentação

Conta-se que um turista alemão do século XVIII, depois de haver admirado as pinturas do Beato Angélico no convento dos dominicanos de São Marcos, em Florença, não mais retornou à Germânia, mas pediu imediatamente para se tornar frade. Se o fascínio do pincel do Beato Angélico mudou uma vida, o fascínio do quadro *A Virgem com o Menino* fez nascer este livro — obra atribuída ao "Mestre dos olhos tremeluzentes", que trabalhou em Ferrara por volta da metade do século XV.

Estava em visita à Pinacoteca Nacional de Ferrara e, entre as várias obras expostas, fui atraído por um quadro de modestas dimensões que representava *A Virgem com o Menino*. Dessa pintura, tocou-me um particular: o tremeluzir da expressão sorridente da Virgem e do Menino. Sorriso intrigante, que parece convidar o espectador ao sorriso. Finalmente, uma Madona sorridente! Todos temos diante dos olhos a figura da Madona: "devota" na Anunciação, "pressurosa" na Visitação, "extasiada" na Natividade, "dedicada" em Caná, "dolorosa" na Paixão, "suplicante" no Pentecostes, "plangente" em muitas aparições... Mas de uma Madona sorridente é difícil encontrar traços na iconografia e na teologia. Não obstante, não se pode pensar que Maria de Nazaré, a Mulher predileta de Deus, não tenha sorrido. É preciso refletir sobre esse silêncio da mariologia.

Nasceu, assim, este livro. Após haver interpelado diversos autores, que não se sentiram em condições de enfrentar o assunto, Rosangela Vegetti, jornalista e escritora, aceitou o desafio de pôr-se à prova, aventurando-se na abordagem desse tema, insólito, porém não marginal. A tarefa não foi fácil, mas dela resultou um livro agradável e, em certo sentido, único. Com sensibilidade de mulher e com o estilo da investigação jornalística — sem pretensões teológicas — procurou "fazer a Madona sorrir". E o conseguiu.

O Editor

Prefácio

Por que, justamente agora, um livro sobre Maria, sobre a Madona?

Em uma sociedade mundanizada, secularizada, que espaço de escuta pode encontrar um tema que, precisamente porque acompanha nossa história e invade sua cultura, foi relegado sobre o fundo?

Que ressonância pode suscitar uma figura que durante séculos deu forma a paixões, sentimentos e emoções de milhões de pessoas, mas que hoje aparece como um resíduo em relação aos modelos propostos pelos *mass media* com a força e a insistência das novas tecnologias?

Creio que possa surgir, justamente da confusão que assinala estes anos, das propostas contraditórias que são dirigidas aos jovens, principalmente às meninas, uma busca de ideais verdadeiros, que não sejam ídolos de papelão, valores de pronto consumo, exemplos de vida "descartáveis". Nesse sentido, a maior figura feminina da cristandade pode ser uma resposta, que não apenas suscita a busca, mas a orienta em seu percurso e a acolhe.

Pouco sabemos da vida de Maria de Nazaré, porque pouco nos foi transmitido; todavia, páginas altíssimas, como a do *Magnificat*, são mais que suficientes para torná-la uma experiência espiritual extraordinária, capaz de exprimir tudo quanto as mulheres estão agora buscando: o sentido e o significado da sua identidade, a sacralidade da maternidade, a eternidade no tempo, a transcendência das gerações, a consonância e o compartilhamento da sorte feminina comum, a capacidade de expressar grandes emoções, como a alegria, com a alma e com o corpo, o canto e a dança. E é precisamente a alegria que, infringindo a tradição da *Mater Dolorosa*, constitui o fio condutor deste livro. Alegria de quem aceita o nascimento e a morte, não por condescendência passiva, mas porque, com uma intuição súbita, captou o sentido em seu conjunto, a forma unitária e concluída.

No decurso dos séculos, a investigação teológica e o *logos* filosófico se sobrepuseram de tal modo à poética do texto bíblico que agora nos é difícil captar diretamente as vibrações emotivas que nos chegam daquela grande narração. Não obstante, como nos recordam as místicas, a experiência religiosa é também corpórea, sensual, direta, fala ao coração antes mesmo que à mente.

Maria se rejubila no acolher em si o Verbo, porque o evento se lhe impõe como necessário e, no exato átimo em que acontece, já aconteceu: desde sempre e para sempre. No devido tempo, apressa a eternidade e, na singularidade, o todo. Ela não tem necessidade de crer, porque sente, nem de interrogar-se, porque sabe. Nós temos necessidade de milagres, de promessas, de garantias, mas quem recebe em si a Graça, vive na plenitude.

Aproximar-se da Madona, nas mil vezes que a tradição iconográfica nos deixou de herança, significa confrontar-se com um ideal inalcançável e ao mesmo tempo com a constatação de que esse ideal foi expresso mediante uma gama infinita de experiências pessoais e culturais. Cada artista representou sua imagem da Madona, modulando-a segundo suas mais íntimas emoções, conotando-a com uma gama de expressões que se estendem da luz da alegria à escuridão da dor.

Se Rosangela Vegetti preferiu valorizar sua positividade foi porque compreendeu que nossos contemporâneos têm necessidade, sobretudo, de confiança e de esperança.

O livro, culto e informado, reconstrói o percurso da tradição e ao mesmo tempo dá voz a quem, por formação, experiência, disponibilidade íntima, pode abrir novas veredas em um panorama que, por não se haver nunca encerrado em um sistema, presta-se ainda a novas, inéditas explorações. Cada leitor poderá passar pelo texto seguindo um itinerário próprio, detendo-se onde quer que tenha encontrado consonâncias mais ricas e profundas, onde sua fantasia soube delinear novas imagens.

Em última análise, está em nossas mãos ir ao encalço dela ou tornar a delinear a face escondida de Maria, utilizando os códigos da tradição em sentido inovador, criativo, na esperança de que indique a esse povo errante a direção e o sentido do seu incerto buscar.

SILVIA VEGETTI FINZI

Introdução

Uma investigação jornalística pode partir do impulso dado por uma crônica, ou de uma pergunta cuja resposta não é evidente de pronto, mas que pode abrir campos de interesse e de aprofundamento não imediatamente previsíveis. No caso deste livro, o ponto de partida foi uma pergunta, dirigida a mim à maneira de desafio, que me pareceu prontamente muitíssimo intrigante: como é que sempre, quando se fala ou se pensa em Maria de Nazaré, ela é logo associada ao tema da dor, antes que ao do júbilo, da serenidade, da alegria, e, conseqüentemente, como poder ir à procura de sua face sorridente? Pode-se, então, pensar em Maria como mulher do sorriso, mestra de vida alegre, portadora ela própria de razões de alegria, evitando imagens estereotipadas que respondem a esquemas fixos, sem vida nem dinamismo? E como coligar o convite à alegria e à esperança do anjo da Anunciação com o fadigoso caminho que levou Maria aos pés da cruz até a ressurreição, que dava significado claro e definitivo ao vivido precedentemente? Como a dizer que ainda é possível mudar idéias e realizar buscas, inclusive pessoais, sobre temas de fé e de consolidada tradição espiritual, reavivando-as à luz do hoje, da história que continua e se muda.

Se tais questões suscitam uma curiosidade positiva, mais difícil, no entanto, é estabelecer-lhes um método e um traçado de busca: por onde começar e como introduzir as perguntas para obter respostas úteis? De fato, tal aproximação não é freqüente: é também pouco relevante como percurso de pesquisa teológica; sem dúvida, é ainda mais insólito como tema de investigação jornalística. A idéia da investigação em si, a mim, pareceu apaixonante, aquela experiência de tornar a juntar fragmentos de pensamentos, de estudos já realizados, de mensagens de saber e de experiências, para chegar a uma idéia que possa ser proposta como ponto de partida de compreensão ulterior. O gênero "investigação jornalística" possibilitou-me abrir um horizonte de reflexão e de pesquisa, sem me atribuir veste alguma, nem de teóloga, nem de especialista em espiritualidade, mas simplesmente salientando algumas considerações, até problemáticas difíceis, que outros — eles sim, os especialistas dos respectivos campos do saber científico — sabem elaborar. Quase um exemplo prático de como todo crente pode construir para si um percurso de busca sobre os argumentos que despertam nele interrogações e questões de amplo raio de ação. Em suma, aquele interrogar-se sobre os grandes temas como se dava no proceder de Maria, que apresentava perguntas e guardava no coração e na mente os diversos elementos, para mais tarde recompô-los, quando chegasse o tempo certo para uma compreensão total da verdade.

De minha parte, mantive conversações com outras pessoas, argumentações livres e espontâneas. Quase um dar voz, humildemente, a incertezas, dúvidas, esperanças e desejos de muitos que buscavam ulteriores espaços para suas propostas.

Portanto, uma série de encontros acompanhados por alguma pesquisa em livros antigos e recentes; material posteriormente organizado para representar da melhor forma a complexidade do tema, mas também o fascínio de uma exploração.

O primeiro passo consistiu exatamente em catalogar as possíveis pessoas a serem interpeladas e dar início aos contatos: algumas pessoas responderam manifestando de imediato plena disponibilidade para entrar em ação, embora me declarassem sua surpresa pela novidade de tal reflexão; outras recusaram gentilmente, alegando a inconsistência de tal pesquisa, tendo em vista a pouquidade de referências textuais à disposição; ainda outras reforçaram os esquemas mais usuais e no limite do puro devocionismo. Ficou logo claro que a parte mais complexa está em abrir tão amplo leque de problemáticas, todas elas ligadas estreitamente entre si, e a serem gradativamente desenredadas. O maior entusiasmo nas respostas, reconheça-se, encontrei entre leigos e leigas, que assimilaram o sabor da proposta, e muito menos entre clérigos e religiosos que me reenviaram a estudos de especialistas ou, como quer que seja, a outros; quem aceitou raciocinar junto abriu, de qualquer maneira, rasgos de luz vivida na reflexão, e a todos e a todas, expresso aqui meu reconhecimento. Eles me incutiram coragem para continuar e avaliar as opiniões recolhidas com outros textos e com a Escritura. Todavia, o repertório de problemáticas mostrou-se de imediato extremamente difícil, com um conflito declarado entre o que se aprendeu desde a infância e as perguntas que a idade madura traz consigo e que necessitam de respostas mais completas e articuladas. Além disso, ninguém se mostrou estranho às dificuldades de reflexão e às vezes do aproximar-se da questão mariana: verdadeiramente um *mare magnum* de sentimentos, de considerações teológicas e pastorais, de problemáticas de todo gênero, nunca exaurido em sua pesquisa, sempre fascinante e atraente e, acima de tudo, inexaurível em novidade. Alguém poderá perguntar-se a razão de um livro que não quer asseverar uma verdade própria, mas torna a lançar um tema, busca continuamente sua verificação, repropõe perguntas e estimula o debate de confronto. Efetivamente, creio que o ponto de apoio para este trabalho, um tanto atípico, esteja no indicar um percurso, uma modalidade de introspecção na dinâmica das considerações, para atingir uma meta, isto sim, com certeza: encontrar em si razões sempre novas e renovadas da própria fé. Passos fracos, por vezes pequeninos fragmentos de pensamento, revisitações de experiências, que apontam para um objetivo absolutamente certo que, no entanto, permanece mistério.

Um ir e voltar, portanto, do vivido ao texto bíblico, e vice-versa; buscando ramos novos da antiga árvore e desbastando os já ressequidos. Buscar o sorriso impõe, de fato, a necessidade de sair de esquemas pré-confeccionados e ir rumo à novidade de uma pessoa, de uma história de vida. E contemplando a vida de Maria somos também constrangidos a repensar a própria.

Parece-me adequada uma primeira citação, de muitas outras que farei, respigando entre as páginas dos livros, escrita por são Bernardo:

> Ouviste bem, ó Virgem, o fato; ouviste também o modo; um e outro são admiráveis, um e outro são jubilosos. Alegra-te, filha de Sião, rejubila, filha de Jerusalém. E, dado que ouviste o convite à alegria e à exultação, queremos também nós escutar da tua boca a resposta da tua alegria, que nós desejamos. [...] Abre, pois, ó Virgem bem-aventurada, o teu coração à fé, os teus lábios à palavra, o teu seio ao Criador. Eis, aquele, que é o desejado de todas as gentes, está fora e bate à tua porta. [...] Levanta-te, corre, abre. Levanta-te com a fé, corre com o teu afeto, abre com o teu consentimento[1].

1. Bernardo de Chiaravalle, *Omelie sulla Madonna*, 4, 8-9.

I

Maria,
na alegria e na dor

Breve história da tradição mariana

A devoção a Maria, embora venha sendo vivida e tenha reunido em torno de si muitas famílias religiosas e miríades de devotos no curso dos séculos, parece ter hoje uma conotação prevalentemente feminil ou, pelo menos, é expressa e narrada mais pelas mulheres do que pelos homens, os quais, de maneira mais esquiva, ou enfrentam o assunto em termos gerais ou mais simplesmente se reportam à figura materna que ela representa. Maria é uma mulher, tornou-se mãe, sofreu pelo filho e pela família, e como tal é sentida próxima e solidária das mulheres, ao passo que para os homens prevalece a relação materna ou como se fora a irmã maior. Tal atitude está presente também na experiência das aparições: Maria se faz "ver", em maioria, pelas mulheres, com um corpo semelhante ao seu, se bem que idealizado. De qualquer modo, o fato de ver seu corpo depara sempre com a inadequação daquele mesmo ver, uma vez que, no momento em que se afirma a "visão", é preciso também que se diga que corresponde demasiado ao nosso vivido, ao nosso desejo de concretude, para poder responder à mais autêntica necessidade de medir-se com o mistério que não se pode desvendar, porque, se isso acontecesse, já não seria mistério.

A intimidade com Maria é acompanhada por uma profundidade e originalidade tais da relação, a ponto de fazer cada mulher sentir-se como pessoalmente ligada a ela, de modo único e irrepetível. Maria, como companheira de viagem solidária, é a reação a um Deus Pai percebido ainda como autoridade, distante e julgadora, imagem que nem sequer Cristo, com a humanidade da sua dor, consegue reaproximar[1].

Trata-se de uma observação extraída de uma pesquisa desenvolvida há alguns anos por um grupo de mulheres. De qualquer maneira, parece que a identificação é feita com Maria sob a cruz e, em todo caso, com a sua força ao enfrentar todos os sofrimentos; as mulheres voltam-se instintivamente para ela quando passam pela experiência do medo, da angústia, da dor. A experiência e a proximidade de um corpo indefeso e sofredor, de um corpo que cresce dentro do próprio e depois se separa dele, um corpo fraco, necessitado, limitado e frágil tornam comum a situação entre as mulheres e Maria; talvez as mulheres não se envergonhem de seu limite e não tenham medo de se sentir fracas e ter de pedir, ao passo que o homem tem mais reserva em se mostrar necessitado de ajuda. Com simplicidade e de imediato, as mulheres são propensas a reconhecer sua relação pessoal com Maria, muitas vezes ligada a momentos alegres da sua juventude, em família, seguidos dos momentos de destaque da sua vida de mulheres. Desta Mulher, avaliam

1. Gruppo Donna e Chiesa, *Storie con Maria*, Bérgamo, 1988, p. 38.

a grandeza de ânimo, sua capacidade de aceitação e de decisão, a força da fé no conhecimento, salientando também, todavia, a própria inadequação para o confronto.

O fato surpreendente está em que, conforme buscamos decifrar o intricado tecido de elementos tradicionais que constituem não só o semblante, mas também a inteira história do personagem Maria, novamente nos encontramos em um complexo pouco administrável de situações, lembranças, sentimentos, imagens e rituais, que está acima de nós e nos desloca, alternativamente, de pontos de alta abstração e simbologia para outros de conotação humana e familiar próximos até demais. Em suma, acerca de Maria nos foi dito de tudo, em geral de tal modo elevado e perfeito a ponto de tornar-se inatingível para nós, e, ao mesmo tempo, procuramos construir dela uma imagem mais a nosso alcance, que responda às nossas exigências imediatas, conforme as circunstâncias sentimentais, afetivas, de socorro, de mediação, e assim por diante.

Com o decorrer dos séculos, no Oriente e no Ocidente, a Maria de Nazaré que ora tornou-se mesmo aquela a quem se pode suplicar. Sobre os lábios de homens e mulheres, aquele nome significou muitas vezes a forma de fé advertida como mais próxima. Muitas vezes a história da piedade mariana distinguiu-se por um forte afastamento da fonte bíblica; em outras ocasiões, porém, foi verdadeira hermenêutica.

> Em Maria, o povo vê e sente o sobrenatural de maneira materna, protetora, misericordiosa, acolhedora. Confirma-o uma série ilimitada de narrativas de intervenção protetora, ligadas a santuários, aparições, encontros de imagens da Virgem. O povo invoca Maria principalmente como dispensadora de graças, mediadora de salvação, consoladora dos aflitos, esperança de quem não pode contar com o socorro humano[2].

---

2. G. Panteghini, *La religiosità popolare*, Pádua, 1996, p. 207. O mesmo autor prossegue: "É evidente a função consoladora desta devoção. Entretanto, consolação não significa necessariamente passividade e inércia. Não se trata tampouco de uma valência meramente emotiva que visa a uma gratificação imediata e substitutiva do

A referência a Maria reúne em si o sentido da intimidade, de uma serenidade que é difícil obter algures e cuja necessidade todos sentem. Até uma cidade como Milão tem em sua *Madonnina*, a estátua que se eleva na Catedral desde 1774, um dos seus pontos de atração. Roberta Cordani, organizadora de um livro[3] com diversos testemunhos visíveis e pessoais, sustenta que a *Madonnina* "representa algo de sereno com relação à cidade. O próprio diminutivo a aproxima e coloca na área dos afetos: é um símbolo visto com ternura, e a mim parece ser o aspecto mais importante, porque 'diminui' o peso da vida citadina e, além disso, o fato de parecer pequena aproxima da idéia de que também o ser humano é pequeno, até mesmo aquele que não crê".

Uma pesquisa jamais concluída

Alguns a vêem sorridente, outros, dolorosa, outros, sempre próxima e outros ainda como protetora pronta a toda invocação. Além disso, lendo os textos que, numerosos, ocupam as prateleiras de livrarias e bibliotecas, encontra-se uma variedade verdadeiramente incrível de estudos, de afirmações, de pesquisas, que, no entanto, ou se assemelham, porque todos provêm mais ou menos dos mesmos textos fundamentais, ou se afastam tanto, chegando a discordar em pontos que, ao contrário, já deveriam ter sido consolidados por dois mil anos de cristianismo. O que pude notar é que nos últimos estudos existe mais discrição em propor argumentações absolutas sobre as temáticas marianas — nos últimos tempos, houve menor afluência dos teólogos a temas desse tipo —, talvez pela consciência de que a questão mariana é difícil de ser contida em deli-

---

"*darsi da fare*" (esforçar-se muito), como certos estereótipos levam a pensar. Há na base uma atitude de confiança que tranqüiliza e dá a força para enfrentar as adversidades da vida; há também aquela vivência de fé que, também simplesmente no plano psicológico, constituiu desde sempre a mais eficaz "psicoterapia dos pobres", com resultados certamente não inferiores aos das modernas psicoterapias científicas".

3. R. Cordani, (organizado por), *La Madonnina di Milano*, Milão, 2003.

mitações precisas: de fato, ao tratar desse assunto, devem-se ter em conta muitos outros componentes eclesiológicos, teológicos e, acima de tudo, históricos (ligados à cultura, à psicologia e à espiritualidade do tempo), que fazem dele um campo demasiado árduo para ser enfrentado sem riscos.

Cada vez mais se discute o significado de muitas tradições, que se diluíram no tempo, para sempre erradicadas dos motivos que as haviam gerado, que não constituem mais o patrimônio cultural e espiritual das pessoas. Também a devoção a Maria sofreu, no tempo, muitas mudanças. Tal devoção viu sua expansão muito depois da veneração dos santos.

> O conhecido estudioso Delehaye, que efetuou pesquisas nas coleções de "milagres" anteriores ao século VII, tanto no Oriente quanto no Ocidente, observa que são todas dedicadas aos santos, sem referência, a não ser esporadicamente, a Nossa Senhora. As coleções dos milagres marianos começam a partir do século IX e tornam-se, desde então, um gênero literário muitíssimo florescente[4].

Acredito que as maiores dificuldades provenham, hoje, individualmente, dos fiéis, que foram pouco auxiliados no percurso de aprofundamento e de renovação do culto e das devoções a Maria: na prática, não encontrei uma linguagem nova, fruto dos nossos tempos, que permita expressar-se e comunicar na fé com Maria, que foi mulher da história e é rainha dos Céus. Tudo somado, hoje, mais que ontem, os fiéis têm uma gestão totalmente pessoal da sua relação com a Madona e são pouco educados para outras formas de devoção além das mais habituais que, com freqüência, não têm muito significado. Até mesmo religiosas e monjas não sabem responder sobre como pensar Maria na vida de hoje. Uma amiga, superiora de uma congregação religiosa que se inspira precisamente em Maria, interpelada por mim sobre como se pode inter-

---

4. G. Panteghini, *La religiosità popolare*, op. cit., p. 49.

pretar a dimensão da alegria em Maria, respondeu-me candidamente que nunca havia pensado nisso e que, por sua vez, havia perguntado a mesma coisa a outras superioras religiosas, que também se encontraram surpresas pela pergunta. Numa palavra, além dos esquemas mais usuais e, em geral, de baixo perfil, não se consegue encontrar na comunidade dos crentes uma maturação evidente de pensamento e de espiritualidade marianos. Os párocos mantêm, em geral, algumas cerimônias fixas e, no conjunto, não são pródigos em aprofundamentos ou na renovação dos rituais; muitos encontros de outros tempos, com procissões e sagas nativas, caíram no esquecimento: nas cidades, literalmente por completo, exceto em algumas localidades, sedes de santuários ou de alguma atração especial; parece não se saber o que fazer quando se trata de repropor, por exemplo, a devoção do "mês mariano". Ademais, circulando pelos lugares para interrogar as pessoas, encontrei, pois, muito embaraço na proposição de um tema inusitado sobre o sorriso de Maria.

Já Teresa de Lisieux, santa e, por acréscimo, proclamada "Doutora da Igreja", portanto pessoa respeitável no que diz respeito à dimensão espiritual e à fidelidade a Cristo, lamentava-se de como padres e pregadores de seu tempo tratavam Maria, tanto que "toda homilia que ouvi sobre Nossa Senhora deixava-me fria" — afirmava, pensando naquilo que ela teria querido ouvir e também dizer, por sua vez, a propósito. "Não se deveria permitir que sejam contadas coisas inverossímeis sobre ela. Uma pregação sobre a santa Virgem, para produzir fruto, deveria mostrar sua verdadeira vida, como a deixa entrever o Evangelho, e não uma vida imaginada". E tampouco se deveria insistir em suas prerrogativas e privilégios, "deve-se falar de modo que as pessoas possam amá-la", e não considerá-la inatingível, porque o excesso de maravilha e de grandeza pode fazer com que muitas pessoas desistam de procurar aproximar-se dela e imitá-la[5].

---

5. Cf. SANTA TERESA DI GESÙ BAMBINO E DEL VOLTO SANTO. *Opere complete. Scritti e ultime parole*, Cidade do Vaticano, Roma, 1997, p. 1080. Quanto ao que diz respeito ao nosso tema, cf. também a oração *Perchè t'amo, Maria*, P 53, p. 721-727.

Diversos autores reforçam quanto é fácil cair nos excessos, por demasiado afeto e admiração ou por excessiva humanização até reduzir o porte do verdadeiro testemunho ou do mais autêntico ensinamento de Maria[6]. Alberto Maggi, da comunidade dos Servos de Maria, em um texto crítico e que estimula à reflexão, escreve:

> Com efeito, apropriaram-se da Mãe de Jesus os movimentos mais tardios e revolucionários, fazendo dela a porta-bandeira de reivindicações obscurantistas, antievangélicas e antieclesiais. Essas pessoas conseguiram camuflar a estupenda e forte figura que emerge do Evangelho, "longe de ser uma mulher passivamente submissa ou de uma religiosidade alienante" (*Marialis cultus*, n. 37), na parva "doce mãezinha celeste" dos visionários; uma mulher que, ora aplacando ora ameaçando, sempre chama aos rigores de tradições, ritos e práticas já mumificadas. E assim ligaram Maria "aos esquemas representativos das várias épocas culturais menos adaptadas aos homens que pertencem a épocas e civilizações diversas" (*l. cit.*, n. 36)[7].

Marialis cultus (1974) é uma exortação apostólica de Paulo VI, que quis reler alguns comportamentos e costumes rituais dirigidos a Maria.

Provavelmente, Maria sorri de tudo isso. Mas talvez também sorria por ser posta de lado apenas porque não há palavras e imagens adequadas aos crentes dos nossos dias!

Por essa razão, procurei traçar uma linha ideal de continuidade das formas como os fiéis vieram construindo uma relação pessoal com a Madona, para ver se nelas predominava a nota dolorosa ou, antes, um convite à alegria. Constatei que no curso dos séculos ocorreram vultosas

---

6. O Concílio Vaticano II, na constituição *Lumen gentium*, n. 67, "exorta com todo o empenho os teólogos e os pregadores da palavra divina a que, ao considerarem a singular dignidade da Mãe de Deus, se abstenham com cuidado, tanto de qualquer falso exagero como também de uma demasiada pequenez de espírito".

7. A. Maggi, *Nostra Signora degli eretici. Maria e Nazaret*, Assis, ⁴2003, p. 11.

diferenças, as quais caminhavam no mesmo passo com a evolução da vida da comunidade crente, com as vicissitudes históricas do poder da Igreja, com a propagação de uma cultura predominantemente masculina dentro da Igreja e da sociedade, e com o progresso da reflexão teológica. Em resumo, tenho a impressão de que esta preciosa figura feminina, mãe de Jesus, deixada em segundo plano pelos evangelistas e desconhecida dos historiadores da época, é protagonista indiscutível dos tempos do espírito, verdadeira testemunha do mistério de salvação. Dela restaram poucas palavras — que, no entanto, a fizeram dizer a respeito de tudo —, e para interpretá-las foram necessários volumes e volumes de reflexão.

Expectativa de esperança

Não obstante, ainda hoje, o que todo fiel está buscando, e talvez não declare sequer a si mesmo, é a descoberta de um rosto que seja de confiança e amigo, de uma pessoa que saiba escutar, compreender e auxiliar, porque conheceu as vicissitudes reais da vida, sem pedir nada em troca, e inteiramente à luz da fé em Cristo.

Busca-se, certamente, um sorriso, mesmo quando nos dirigimos Àquela que conheceu a dor dilacerante de um filho desprezado, torturado e morto, e é o sorriso de quem soube sempre olhar além, divisar a luz através das grandes trevas e indicar o modo mais eqüitativo de viver, e reconhecer o Ressuscitado. Justifica-se, então, a necessidade de dar ênfase a este aspecto jubiloso, sorridente, que Maria nos apresenta pondo em ato a promessa do anjo: "Alegra-te, ó tu que tens o favor de Deus, o Senhor está contigo" (Lc 1,28). E passa a ser importante compreender o que pode ter feito para estar alegre em uma experiência de vida que pouco teve de fácil e róseo, mas que lhe proporcionou muitas ocasiões para repensar no significado de cada passo de sua existência.

Encontrei um texto de grande eficácia sobre como se poderia descrever um retrato da jovem Maria no momento do nascimento do seu filho tão esperado pelos povos, porém sinal de contradição para todos, e é de Jean-Paul Sartre, que escreveu um conto natalino para ser representado em cena nada menos que no campo de prisioneiros de Tréviros, onde estava preso com outros intelectuais e diversos padres, no Natal de 1940:

> A Virgem está pálida e observa o menino. O que seria preciso pintar sobre o seu semblante é um assombro ansioso que não apareceu senão uma vez sobre um semblante humano. Pois que o Cristo é o seu menino, a carne da sua carne, o fruto do seu ventre. Carregou-o nove meses e lhe dará o seio, e o seu leite se tornará o sangue de Deus. E em certos momentos a tentação é tão forte que esquece que é Deus. Estreita-o entre seus braços e diz: Meu pequeno! Todavia, em outros momentos, permanece interditada e pensa: Deus está lá e se sente tomada de uma repulsão religiosa por este Deus mudo, por este menino terrificante. Pois que todas as mães são seduzidas por momentos diante deste fragmento rebelde da sua carne que é seu menino e se sentem no exílio diante desta nova vida que foi feita com a sua vida e que povoam de pensamentos estranhos. Mas nenhum menino foi mais cruelmente e mais rapidamente arrancado de sua mãe, pois que ele é Deus e está além de tudo quanto ela possa imaginar. E é uma prova dura para uma mãe ter vergonha de si e da sua condição humana diante de seu filho. Mas creio que existam outros momentos, rápidos e difíceis, em que sente ao mesmo tempo em que Cristo é seu filho, o seu pequenino, e que é Deus. Olha-o e pensa: Este Deus é meu filho. Esta carne divina é a minha carne. É feita de mim, tem os meus olhos, e esta forma da sua boca é a forma da minha. Assemelha-se a mim. É Deus e assemelha-se a mim. E nenhuma mulher teve a sorte de ter o seu Deus só para ela. Um Deus pequenino que se pode tomar nos braços e cobrir de beijos, um Deus cálido que sorri e respira, um Deus que se pode tocar e que vive. E é naqueles momentos que iria pintar Maria, se fosse pintor, e procuraria tornar a expressão de terna audácia e de timidez com que se alonga

o dedo para tocar a doce pele deste pequeno menino-Deus, cujo peso tépido sente sobre os joelhos e que lhe sorri. Isto é tudo sobre Jesus e sobre a Virgem Maria[8].

Devoção e tradições

Pareceu-me oportuno procurar alguma equiparação sobre como foi se formando, nos dois milênios do cristianismo, o vínculo com Maria, e como foi formulada a questão teológica mariana, sem com isso querer entrar nas complexas discussões teológicas a propósito dos grandes temas da virgindade, da imaculada conceição e da assunção, que assinalaram o caminho eclesial.

A piedade mariana forma-se nos primeiros séculos do cristianismo e conhece de imediato linguagens difíceis, porque a excessiva humanidade nela, mulher, parece impedir-lhe a aceitação de caráter ritual e litúrgico; à diferença do que acontece com relação a Jesus, os fiéis nutrem-se de muitas narrativas fantásticas presentes nos evangelhos apócrifos mais do que de textos canônicos e buscam fatos miraculosos e prodigiosos para apoiar sua devoção.

Houve movimentos espiritualistas que procuravam indicar Maria como a componente terrena e humana do desígnio salvífico, outros que de todo repropunham elementos paganizantes ligados a divindades preexistentes da terra, outros ainda que procuravam contrapô-la à figura de Jesus, enquanto a teologia uniu Maria estreitamente ao filho: cristologia e verdades marianas andam no mesmo passo. Em 22 de junho do ano 431, os 150 bispos reunidos em Concílio em Éfeso, sob a presidência de são Cirilo, patriarca de Alexandria, proclamam Maria Mãe de Deus (*Theotòkos*). Gregório de Nazianzo, Agostinho e Ambrósio concordam

---

8. J.-P. Sartre, *Bariona o il figlio del uomo. Racconto di Natale per cristiani e non credenti*, Milão, 2003, p. 90-92.

no princípio de que o Filho de Deus é de fato nascido de mulher assumindo um corpo humano e, portanto, Maria é Mãe de Deus.

A época patrística vem a ser a época em que se assiste à formação de um corpo de doutrinas marianas. Enquanto pelas Escrituras o interesse dominante era o cristológico e a problemática mariana entrava apenas obliquamente, para ilustrar a pessoa de Jesus e garantir-lhe a missão, a época patrística documenta uma atenção mariana precisa. Cultivada como parte do mistério cristão, Maria é objeto de reflexão e de ensinamento. Afirma-se desde logo que este corpo de doutrinas não é independente do mistério de Cristo: objetivamente coerente com ele, facilita sua compreensão. Por essa razão, o critério fundamental do desenvolvimento da piedade e da doutrina mariana permanece a maternidade: em sua riqueza histórico-salvífica, qualifica a relação de Maria com Jesus[9].

No período medieval, elaboram-se orações e meditações e fixamse as quatro festas marianas — Purificação, Anunciação, Assunção e Natividade —, e entre elas é a Assunção que tem o maior destaque. Mas já se delineia uma tendência a acentuar as prerrogativas de Maria, que vem a ter todo tipo de ciência e de virtude, tanto a ser colocada ao lado de Jesus como *sócia* na missão salvífica, com a perspectiva de colocá-la em paralelo, como aquela que opera também por conta do filho. Se esses indícios não recebem acolhimento amplo no campo teológico, têm, no entanto, reflexos na devoção popular que irá endereçar à Virgem um culto por vezes pouco coerente com a doutrina cristã. A laceração protestante determinou uma tomada de distância de muitas formas de devoção e teve como contraponto relevantes abusos em campo católico. Fórmulas de oração e gestos de culto vieram a ser impostos na comunidade dos fiéis que encontravam na Madona uma aliada solidária em sua fadigosa existência. Afastando-se do texto bíblico,

9. G. Colzani, *Maria. Mistero di grazia e di fede*, Cinisello Balsamo, 1996, p. 119.

acentuam-se as tradições rituais, que são confiadas à espontaneidade dos sentimentos para dar voz a uma relação de fé.

Aos abusos devocionais do século XII, segue o revolvimento de muitas convicções teóricas e práticas levado pela divinização da razão, propugnada pelo espírito iluminista do século seguinte, que força a Igreja à defesa dos próprios ensinamentos e valores.

Pode-se dizer, com certeza, que a herança dos séculos constituiu um depósito de verdades para os doutos, mas deixou à genialidade sentimental pessoal dos simples fiéis as relações espirituais das quais Maria hauriu maior favor em relação a Jesus Cristo. Fórmulas de oração simples, às vezes em linguagem infantil, impuseram-se sobre as grandes dissertações teológicas, respondendo a uma necessidade de segurança dos devotos mais do que educá-los a rezar como Maria. A presença da Madona era sentida, às vezes, como uma possibilidade dada às mulheres de contar com uma "proteção" no céu, onde, também lá, parecia dominar um código masculino. Maria levava para dentro da Trindade — Pai, Filho, e mesmo o Espírito Santo deve ter uma personalidade masculina, de outro modo não poderia ter autoridade! — o componente feminino e podia, assim, ser solidária com as mulheres, que melhor se fariam compreender por ela.

As grandes verdades de fé não sofreram mudança no curso dos séculos, tendo-se transformado, porém, as palavras para exprimi-las, e uma contribuição própria lhe foi dada também pelas mulheres que buscaram modalidades e expressões, também de oração, em maior consonância com a sensibilidade delas e a dos vários tempos. Talvez, porém, não tenha mudado muito no campo da devoção e da sua expressão. Faz-se necessária uma renovação do culto mariano, que chegue a rever e a melhorar as formas tradicionais ricas em valores, e a omitir aquelas que não correspondem à atual sensibilidade dos crentes: é desejável a criação de novas formas de culto a Maria, em consonância com as culturas atuais.

A obra do Concílio Vaticano II revelou-se muitíssimo preciosa, oferecendo uma síntese doutrinal de alto valor bíblico, teológico, ecumênico e pastoral. Não obstante isso, exatamente no pós-concílio verifica-se uma "crise mariana" que relega a Virgem a um esplêndido isolamento, envolta em um obsequioso silêncio. Caem as expressões mais populares de devoção para com ela, sem que sejam substituídas por novas expressões: parece haver-se tornado um tema secundário, marginal, ultrapassado. Dir-se-ia que Maria não é um modelo significativo para os tempos atuais, nem para os homens, nem muito menos para as mulheres.

> No pós-concílio, a mariologia avançou por um tríplice caminho: da renovação — que conduziu ao diálogo ecumênico e à inserção do dado mariano na teologia e no culto cristão —, da recuperação — que tomou aspectos descuidados — e, por fim, o do confronto cultural que estudou Maria em confronto com a beleza, com a mulher e com as várias culturas. [...] Ao contrário de modelo vazio de significado, Maria atrai homens e mulheres nas sendas da resposta plenária à aliança com Deus, na profecia acerca dos imperativos históricos em favor dos oprimidos, do louvor a Deus pelas maravilhas operadas na história da salvação[10].

---

10. S. De Fiores, *Nuovi orientamenti della mariologia oggi*, in *Maria icona della tenerezza del Padre. La spiritualità mariana nell'esperienza del Carmelo*, Palermo, 1992, p. 28-29.

2

Amada
para sempre

Colóquio com Ermes Ronchi

Feita a aproximação com a história e estabelecidos os primeiros elementos sobre os quais foi consolidada a tradição, torna-se oportuna uma pausa de verificação, de definição dos dados encontrados para avançar nos passos ulteriores da pesquisa, e, para fazê-lo, encontrei padre Ermes Ronchi, religioso dos Servos de Maria, da comunidade de São Carlos em Milão. Do seu convívio cotidiano com Maria, procurei extrair alguns pontos exatos para minha pesquisa. A ele, pedi aquele indício a mais, aquela indicação de percurso que não teria podido extrair apenas dos livros. E a conversação foi assim se desenrolando em uma reflexão comum, cada um de nós encontrando em si momentos de escuta e de relançamento dos argumentos que aos poucos íamos definindo.

Maria e o gáudio: é uma aproximação excessivamente ousada, falando da experiência da jovem mulher da Palestina, ou já com Maria a notícia de alegria se faz revelação atual?

O anjo da Anunciação é logo explícito em seu dizer: "Alegra-te, ó tu que tens o favor de Deus", o que quer dizer: "Toda a simpatia de Deus está sobre ti, Deus colocou em ti o seu coração. És amada para sempre!". O próprio nome de Maria quer dizer: "Amada para sempre". Esta é a felicidade! A seguir, o anjo diz (não o diz propriamente, mas o dá a entender): "Tu, Maria, sabes que a felicidade vem dos semblantes, também o semblante de José te faz feliz. Tu disseste sim a José. Tu o disseste em nome de uma felicidade esperada, mas está aqui aquele que é o semblante dos semblantes e te fará ainda mais feliz".

Deus, portanto, começa a falar a Maria com a linguagem da alegria, isto é fundamental, e é a primeira palavra. Prosseguindo, a segunda palavra do anjo é: "Não temas". Ainda uma palavra de alegria. Vem depois o *Magnificat*, que é exultação: "O Todo-poderoso fez por mim grandes coisas, fez da minha vida um tempo de júbilo".

Eis, então, o que nos dá felicidade na vida: o júbilo. Maria é mulher jubilosa, tomada de júbilo, esta é a felicidade. Nós só podemos ser felizes se pudermos nos maravilhar; nossa quantidade de alegria está ligada à quantidade de maravilha. Ela começa o *Magnificat* dizendo: "Meu espírito se encheu de júbilo por causa de Deus, meu salvador".

Portanto, Maria é com certeza uma pessoa feliz, porque também nós experimentamos o estado de ânimo da alegria plena em um contexto de júbilo e de promessa de felicidade plena.

Entretanto, percorrendo o caminho, como que perdemos essa promessa de felicidade, quase nos aferrando de um modo maior ao mais terrestre e humano sofrimento; e assim sucede também em relação a Maria: reconhecemos como mais próxima de nós a face da dor, quase que ligando toda a sua experiência de vida aos dias da tragédia da cruz.

Sim, nós a perdemos, mas devemos ter bem presente que a primeira pergunta do homem é sobre a dor. Somos seres pensantes, porque dolentes. A própria filosofia nasce da meditação sobre a interrogação do sentido da dor e da morte. Assim, pois, muito mais nos interpelam o silêncio e a dor que a alegria. A alegria produz uma sensação de plenitude que pode satisfazer, que não suscita ulteriores perguntas, enquanto o desejo se move pelas ausências, mas a alegria não é ausência, é um desejo que encontrou, que alcançou seu horizonte. O desejo põe-se em movimento em razão de uma ausência, portanto a alegria não desperta o "homem desejoso" que somos nós.

Ademais, creio que o relato do Evangelho seja um paradoxo; não devemos nunca contrapor alegria e dor, mas sim acolher o paradoxo que a alegre notícia é o relato de uma morte. O Evangelho é a narrativa da morte de Cristo com uma introdução detalhada. Portanto, o paradoxo cristão está nisto: eu te dou uma alegre notícia falando da morte de Cristo. O tema da cruz está no centro, mas torna-se cruz gloriosa; enquanto no Ocidente privilegiamos a relação com o Crucificado, a face do Deus crucificado, no Oriente é privilegiada a face do Ressuscitado ou do Transfigurado. Eis que temos diante de nós um hiato: recoser os rebordos das feridas da face do Cristo nos dará o semblante do Crucificado glorioso. A cruz sem ressurreição é cega, a ressurreição sem a cruz é vazia. Essa laceração, se chegar a ser recomposta, nos permitirá fazer o apanágio da alegria e da dor, como elementos que fazem parte de um dístico: alegria e dor estão estreitamente conjugadas, a alegria não se opõe à dor. Bem-aventurado quem é perseguido, dizem as Bem-aventuranças: bem-aventurado e plangente. É paradoxo. A alegria no pranto; trata-se de unir os dois termos.

O argumento sobre a alegria de Maria não pode, então, estar isolado, como se ela levasse uma vida jubilosa, pois não é esse o caso: na ferida que a experiência de Jesus causa nela, vivendo por dentro cruz que carregou e experimentou, encontrou uma alegria ligada à experiência do amor, da estupefação, da maravilha, da ressurreição. Afora isso, será o impossível de Deus.

Existe, pois, um outro motivo da alegria de Maria. Na anunciação, Maria diz: "Como se fará isso?", é uma boa pergunta. Quando alguém se interroga, há inquietação, e não felicidade; a felicidade encontra-se na resposta do anjo: "Nada é impossível a Deus". O que vêm fazer os anjos? Vêm dizer que o impossível se torna possível; é possível que o perseguidor Saulo se torne o maior anunciador do Evangelho; é possível que Lázaro, da gruta da sua sepultura, ouça a voz de Deus e venha para fora; é possível que uma jovem pobre seja a preferida de Deus; é possível encontrar graça ou que a graça nos encontre. É possível crer em Deus, porque Deus crê em nós; é possível ter confiança, porque Deus confia em nós; é possível amá-lo, porque nos ama. Eis o impossível que torna possível: o cristianismo anuncia isto, e é a causa da felicidade, não há outro. Fora dele, não encontramos força de alegria.

No percurso da vida, antes de saber que haveria a cruz e a ressurreição, Maria descobria e construía dia após dia a própria felicidade. Ela recebeu uma promessa de algo que não sabia, uma promessa tanto de felicidade como de dor, e esse paradoxo foi-se desenvolvendo ao longo do curso da sua vida.

A felicidade no percurso existencial, de uma mulher grávida, grávida de uma outra vida, é a de estar na história. A partir da anunciação, da gravidez, o *Magnificat*, o encontro com a outra mulher profetiza, depois da natividade... o estupor, Maria se maravilhava do que lhe diziam; porém, a seguir, faz-se presente, novamente, a profecia da espada: "Uma espada te transpassará a alma", e há a fuga para o Egito; a exaltação dos Magos, um rei que nasce em um estábulo... Como é possível manter juntas essas coisas? São as duas pontas de uma corda, que ela tenta unir em si, e nessa corda encontram-se as duas notas fundamentais do viver, que são a experiência de um sofrimento, de uma inadequação para compreender, e a experiência de um dom, de uma alegria. A seguir, prossegue em sua existência, até o momento jubiloso de Caná.

A primeira bem-aventurança é dirigida a Maria: "Bendita aquela que creu". Há uma felicidade no crer, há um prazer no crer, há um prazer na seqüela do Evangelho, há um prazer em ser cristão. Há felicidade em crer, porque o cristianismo cria uma vida sublime, boa, abençoada. O nosso Deus é um Deus formoso que seduz essa jovem, porque há beleza no grande Sedutor.

Mais tarde mescla-se em sua vida o sofrimento, até com os parentes que não compreendem, e ela vai pegar Jesus querendo levá-lo para casa...

Creio que se possa ler na Virgem Maria algo como o DNA da Igreja, de todo crente: ela é a primeira célula da Igreja, o que cada um de nós pode experimentar em sua relação com Deus. Não buscamos nela o que era exclusivamente seu, buscamos o que constitui o DNA da nossa fé, onde está já contido o germe daquilo que todo crente deve ser em sua relação com Deus, com Cristo, com o Espírito, com os homens, com os anjos, consigo mesmo.

Para encontrar uma expressão de felicidade, de vida bela, não é preciso buscá-lo em seu específico, mas naquela sua dimensão que se torna mensagem existencial para todo crente, porque ela é a primeira célula daquilo que cada qual deve ser. Existe outra bem-aventurança reservada precisamente a ela: "Bem-aventurada aquela que te trouxe no seio...", à qual Jesus acrescenta: "Bem-aventurados antes os que ouvem a palavra de Deus e a observam". Se existe alguém que acolheu e pôs em prática o Verbo, esta é precisamente Maria.

Além disso, creio que a felicidade de Maria tenha estado em sua misericórdia — em hebraico, usa-se para *misericórdia* o mesmo termo que se emprega para *vísceras de mãe, seio materno* — porque Deus pede a Maria a grande misericórdia. Mãe de misericórdia, não porque carregada de misericórdia para conosco, mas porque o é para com Deus. Deus lhe pede a grande misericórdia de ser acolhido, e Maria responde sim. O Misericordioso sem casa encontra uma morada. Acredito seja esta a flor mais pura.

Na misericórdia, existe então a felicidade, porque misericórdia é acolhimento: acolher vidas em minha vida, portanto viver uma vida multiplicada. Haverá, com certeza, uma multiplicação também de sofrimentos, mas também de alegria, de intensidade, de profundidade, de liberdade, de sentido. A misericórdia de Maria para com Deus é a maior, e nós todos estamos vivos, existimos, porque uma mulher usou de misericórdia para conosco e nos acolheu em seu seio, e essa é a mesma misericórdia que Deus pediu a Maria e se inclina diante dela, esperando o seu sim. Creio, portanto, que o vir de Deus seja a grande alegria, aquela alegria anunciada desde sempre pelos profetas: Deus vem e fala a linguagem da alegria. Deus vem e consola a vida, por isso pode permitir-se falar ao homem, porque é consolação da vida.

Como pôde um argumento tão elevado decair em devocionismo, o que fragmentou um ensinamento de tão grande alegria para reduzi-lo a fórmulas de menor importância? Por que, ao invés de buscar com todo esforço uma realidade tão grande, continuamos a contentar-nos com uma pequenina vela qualquer? Ou por que se usa o alto símbolo de Maria verdadeiramente para depreciar a figura feminina, projetando-a em um símbolo que está fora e além de toda medida humana?

Não me considero em condição para fazer essa reflexão. Acredito que seja essa a nossa heresia mariana e mariológica. Não conseguimos entrar em diálogo com aquela que está mais próxima e está do nosso lado. Um duplo erro. Primeiro, uma mariologia dos privilégios: ela é a única que pôde fazer certas coisas e ter certas possibilidades, pelo que não tenho mais nada a dizer. Segundo erro, ter feito uma referência a Maria apenas do ponto de vista emotivo e sentimental: o maternalismo espiritual foi uma ruína, particularmente hoje. Ao contrário, Maria é mãe, não porque seja a mãe consoladora de mim que estou sofrendo, mas é mãe no sentido generativo profundo. É aquela que me ensina a profissão de homem, de mulher, de crente, a profissão de orante, é aquela que me faz crescer na arte de ser homem e crente, não, porém, aquela que é consoladora emotiva dos meus problemas. E nós erramos quando instauramos com ela uma relação devocionista, miserável. Nós a empobrecemos. É importante que recuperemos com ela a relação que conduz as danças da humanidade e nos ensina a dançar. O salmo que se recita no dia da Assunção diz: "Aquela que é o anel de ouro do céu e da terra", e eu sou entre ela e a terra o segundo anel de ouro. "Adiantam-se virgens em vestes de seda e ouro", Maria é quem precede essas amigas virgens em danças de alegria que vão juntas rumo a um destino que é de abraços, de luzes, de encontros com o Senhor, e nós somos essas amigas em vestes de alegria que seguem a imagem condutora, a coriféia, que guia as danças no percurso.

Em termos mais existenciais, pode-se encontrar em santa Maria aquela que já contém *in nuce*, como em embrião, o que será a Igreja adulta, todo cristão adulto; porque cada um deve tornar-se "mãe de Cristo", cada um recebe os anjos; todos os dias recebo os anjos e a primeira palavra de Deus, o primeiro Evangelho é: "Sê alegre, alegra-te, sê feliz, porque és amada para sempre". A partir dela podemos encontrar uma forma de cristianismo muito mais construtivo, mais criativo, mais exigente também, porém não consolatório.

A Madona consoladora, enfermeira do cristão, não é figura positiva.

Nas famílias religiosas, inspiradas em Maria, passa a mensagem de participar, testemunhar a dimensão da alegria?

Vem à mente o último momento de Maria, aos pés da cruz; ela está em silêncio, Cristo está morrendo e lhe diz: "Mulher, eis aí o teu filho", não se centra na dor, mas convida-a a redescobrir sua maternidade, seu ser mulher: "Redescobre vida em ti e em torno de ti, torna a ser mãe, este é o segredo da vida", e lhe dá um segredo de alegria, de vida que cresce, de ressurreição, de vida que torna a partir. Existe já aí o anúncio de ressurreição, há aí um vagido de aleluia.

Também ela deu ao filho seu DNA, a imagem de vida. Se Jesus diz que é uma alegre notícia, é porque respirou palavras alegres; se diz que o coração do seu Evangelho são as nove bem-aventuranças — nove frases para a felicidade —, é porque respirou ao lado de uma mulher que encarnou as bem-aventuranças em seu pleno significado. Toda antropologia é uma cristologia deficitária; toda afirmação de Cristo é feita sobre o homem; todo homem é um Cristo incipiente, inicial, um começo; todavia, se ele faz declarações sobre o homem, para o homem, é porque respirou um modelo de homem, um modelo de existência obtido da sua família humana, e quando diz que ele é "filho" do homem, e emprega tal palavra exatamente na qualidade de filho, é porque fez uma experiência de filiação feliz em Nazaré; se assim não fosse, não teria falado daquele modo.

Parece-lhe haver uma busca renovada de aproximação com Maria ou se continua procedendo de acordo com a tradição?

A maioria está na linha da tradição: uma grande parte contenta-se com ela, uma parte minoritária pede outra coisa, pede um percurso ulterior e põe-se a caminhar nessa estrada. Por outro lado, já foi dito tudo e até demais.

Há uma novidade de busca. O Concílio ligou a devoção a Maria não a um fato devocionista, mas sim eclesiológico; portanto, ao inserir o capítulo VIII sobre a Virgem Maria na constituição dogmática sobre a Igreja (*Lumen gentium*), tomou Maria como modelo, imagem, ícone da Igreja. Creio que no nível de sensibilidade popular exista ainda agora a antiga devoção dominante, porém no nível daqueles que receberam uma orientação mais conciliar se esteja percorrendo o caminho de um aprofundamento nestes termos.

É útil propor nos dias de hoje essa dimensão do sorriso, nesta nossa vida um pouco pobre em sorrisos?

Sim, é preciso que seja feito, mas é o modo de fazê-lo que importa, porque um tipo de sorriso vazio, um pouco simplório, tornou-nos desconfiados. Ficamos presos a uma conversa fácil sobre a alegria, é preciso fazê-lo com cautela. Quando entre cristãos se fala de alegria, existe certo embaraço. É preciso fazê-lo com inteligência, mas deve-se fazer, também porque, se não se consegue dar da fé cristã aquela que é sua característica principal, isto é, a alegre notícia, a bem-aventurança, a cruz gloriosa, não teremos alcançado nosso escopo, porque o cristianismo é isso. Pode-se e deve-se falar de alegria, talvez efetuando percursos mais amplos. Eu não sei se o cristianismo torna a pessoa feliz, sei que o cristianismo me confere uma profundidade única, dá-me intensidade, cria paixão em mim, cria-me horizontes, dá-me uma pulsação de vida como nenhuma outra coisa, e não posso prescindir dele. Talvez seja isso a felicidade. Não é uma coisa abstrata, algum momento de bem-aventurança que se pode encontrar, ou uma ausência de perguntas, ou de dificuldades: a primeira palavra de Maria é uma pergunta, não é um simples sim. Isso é estar diante de Deus com toda a dignidade humana, com toda a nossa seriedade e apresentar perguntas. Eu uso toda a minha inteligência e, depois, digo sim. Antes de seguir o caminho de Deus, tenho necessidade de usar toda a minha inteligência. E Maria faz perguntas. Se um cristão faz perguntas sobre Deus, sobre o pecado, sobre o que significa Jesus, achamos que está em crise. Errado! Está fazendo como Maria.

Quem faz perguntas é "mariano", é alguém que não aceita supinamente, porque Deus não é óbvio, o Evangelho não é óbvio, viver não é óbvio. Eu quero me aprofundar e acredito que haja felicidade na busca; Maria usa isso como primeiro instrumento. Há uma felicidade na busca e no pensar, ou não? Como homens, como mulheres, nós o experimentamos, e Maria o faz como sua primeira atitude, e, portanto, quando alguém se põe a pensar, formula perguntas.

Temos uma formação teológica que enquadrou, que colocou uma série de bloqueios, pelos quais, quando nos são feitas perguntas, parece-nos que tal pessoa esteja enfrentando uma crise ou esteja em dificuldades ou queira contestar, quando na verdade quer compreender, quer pensar e depois aderir pensando com sua cabeça. Assim fez Maria e creio que haja uma felicidade nisso. Se Deus me põe em uma das mãos *a felicidade*, e na outra *a busca* da felicidade, eu escolho *a busca*, porque é aí que está a felicidade do homem, juntamente com a liberdade.

3

O sorriso

da alegria para todos

Percursos escriturísticos e elementos iconográficos

Na tradição rabínica, o riso não é considerado coisa boa e respeitosa, dado que o homem nada tem de que se rir acerca de sua condição[1], e está em contraste com o comportamento piedoso de quem se conhece como dependente de Deus; o sorriso, ao contrário, é o

1. "O homem enquanto tal é mortal, ao arbítrio do Tempo que escande os átimos de felicidade e de sofrimento e o riso e o pranto não são senão filhos do Tempo a que o homem está sujeito. O riso pode, então, ser entendido como uma das tentativas de libertar-se dos tormentos dessa condição fragmentária que lhe pertence apenas em parte. O riso é uma das características precípuas do ser mortal: por isto, o sábio não ri senão tremendo, detendo-se à margem do riso como à da tentação: de fato, está mais próximo da inocência extrema do ser antes que da estirpe dos mortais; [...] as fontes inexauríveis do risível são, de fato, as seduções fragmentárias das alegrias

gesto simbólico da futura era messiânica e é expressão de letícia seráfica, de alegria consumada e perfeita, doada por Deus a seu povo; portanto, uma alegria sagrada, que tem em Deus seu ponto de referência certo e originário. Assim, buscar atitudes ou expressões manifestas de exultação nas páginas bíblicas e nos Evangelhos que se referem a Maria significa, pois, forçar, se a busca não for reconduzida à alegria total da graça de Deus. Também com relação a Maria é preciso ater-se ao que é transmitido pelos evangelistas.

Como acontece com relação a Jesus: ninguém fala explicitamente de seu regozijo ou de seu modo sorridente de viver. O evangelista João usa o termo χαρά para indicar o gáudio, que não é simples alegria ou prazer de viver. O biblicista Benassi escreve:

> Não creio que se refira às pequenas alegrias cotidianas que todos podem experimentar; não se está falando dos *momentos* de serenidade que a cada tanto todos podem viver. Creio que se fale da confiança de fundo que nunca abandonava Jesus, porque fazia parte da sua atitude para com a vida. E creio que essa atitude *de fundo* fizesse aflorar muitas vezes o sorriso sobre seu semblante. [...] Poder-se-ia dizer que χαρά é algo que se faz acompanhar ao sorriso: quando falamos da alegria de Jesus, imaginamo-lo enquanto sorri; mesmo que o termo γέλασμα (sorriso) não se encontre em nenhum versículo do Novo Testamento. O sorriso de Jesus é, pois, um sorriso escondido, indireto, que nunca é explicitado[2].

Mas não é tampouco um sorriso formal; melhor que de compreensão, de escuta, de encorajamento, de afeição: um sorriso de amor. "Poder-se-ia dizer que não sorria só com os lábios, mas também com os

---

do mundo, não a serenidade sem rupturas da vida eterna" (E. Chinellato, *Il ridere nella tradizione giudaico-cristiana*, in "Città di vita", maio-junho 2003, p. 225-230).

2. G. Benassi, *La gioia nascosta. Alla ricerca della felicita di Gesù*, Assis, 2003, p. 19-20 (correntes no texto).

olhos. E o que queria transmitir era a confiança", diz Benassi. Com maior razão, pode-se aplicar tal consideração a Maria, que o anjo saúda com o convite a alegrar-se, usando precisamente o termo χαῖρε: "Alegra-te, permanece na alegria". E se Jesus, como nos diz o Evangelho de João que insiste na alegria, devia sentir-se amado — "Eu vos disse isto para que a minha alegria esteja em vós" (Jo 15,11) —, sem dúvida, também sua mãe deve ter contribuído para construir aquela alegria e partilhou com ele o grande bem.

É preciso, portanto, entender-se no significado do sorriso, da alegria, do sentido positivo na vida também quando as sombras parecem prevalecer sobre a luz. Sem por isso esquecer ou subestimar a plena realidade da esperança de vida, da história que se desenrola e do mistério que se realiza. Uma indicação nos é fornecida pelo sumo poeta Dante, que atribui o sorriso à vida mesma da Trindade, definindo Deus, no canto XXXIII do Paraíso:

> "Ó Lume eterno, que em ti próprio tens sede,
> só tu a ti entendes e por ti és entendido,
> e amas e nesse entendimento te mostras sorridente!"[3]

Portanto, o sorriso está ligado à essência do amor.

O que pode haver de mais grandioso e jubiloso do que aquilo que o anjo Gabriel disse a Maria na Anunciação:

> "Alegra-te, ó tu que tens o favor de Deus, o Senhor está contigo. [...] Não temas, Maria, pois obtiveste graça junto a Deus. *Eis que engravidarás e darás à luz um filho, e lhe darás o nome de Jesus*. Ele será grande e será chamado filho do Altíssimo. O Senhor Deus lhe dará o trono de David, seu pai; ele reinará para sempre sobre a família de Jacó, e o seu reino não terá fim. [...] O Espírito Santo virá sobre ti e

3. Dante Alighieri, *Paraíso XXXIII*, 124-126.

o poder do Altíssimo te cobrirá com a sua sombra; e por isso aquele que vai nascer será santo e será chamado Filho de Deus"[4].

A palavra de Deus é sempre mistério de vida, de novidade e de silêncio. Infelizmente, para nós que desejaríamos ter informações e pormenores detalhados, são poucas as palavras de Maria: quarenta ao todo, excluindo o *Magnificat*; e poucas também as expressões dirigidas a ela: um total de oito frases, do anjo e de Elisabete, em tom de júbilo; de Simeão que lhe prega o sofrimento; e de Jesus que salienta certo afastamento dela. Paulo não a menciona nunca, absolutamente, em suas epístolas, exceto na afirmação precisa feita sobre Jesus "nascido de mulher" (Gl 4,4). Muito mais numerosos que suas palavras são os silêncios: Maria guardava todos esses acontecimentos em seu coração, procurando-lhes o sentido, conforme relata o evangelista Lucas (cf. Lc 2,19.51). Maria recebe com alegria e no silêncio as palavras do anúncio e, em seguida, espera que se cumpra o que o anjo afirmou: "*Nada é impossível a Deus*" (Lc 1,37).

Particularmente no *Magnificat*, encontramos expressões de exultação.

Mas por que tanta exultação? Por que essas danças de alegria? A exultação habita o coração de Maria porque soube ter sido escolhida e, principalmente, porque soube encontrar a coragem de aceitar o seu extraordinário destino. Com efeito, o momento do canto, do júbilo, vem imediatamente após a Anunciação quando, com coragem e humildade, uma jovem mulher aceita a mais alta investidura, como mãe do Messias. A iconografia da Anunciação nos restitui aquele sentido de tempo suspenso, de medo diante da irrupção do divino, mas também de coragem no ato de dar pleno consentimento à ação de Deus[5].

4. Lucas 1,28.30-33.35.
5. L. Scaraffia, *E il mio spirito esulta in Dio, mio salvatore*, in R. Stella (org.), *Sul Magnificat*, Gênova, 2001, p. 27.

Uma jovem mulher vem a saber seu especial destino diretamente de Deus, esta a razão de uma alegria irreprimível e, de fato, Maria é o sujeito de apenas dois verbos do *Magnificat*: "Minha alma exalta o Senhor" e "meu espírito se encheu de júbilo por causa de Deus". Expressões de gáudio, de uma

exultação que nasce realmente dela, da sua experiência, que é proposta como caminho para os crentes que virão depois dela. O *Magnificat* constitui, sem dúvida, um dos momentos mais alegres de todo o Evangelho, antes, é o único hino de alegria, e é uma mulher quem o canta. Uma mulher que mais tarde será glorificada também, talvez seja melhor dizer acima de tudo, como símbolo da dor, traspassada por aquelas sete espadas que lembram como a dor mais pesada, para um ser humano, consiste no assistir ao sofrimento de uma pessoa querida, principalmente de um filho[6].

Encontra-se, pois, coligada à redenção toda a razão — a verdadeira razão — da alegria, e é nomeada no momento da encarnação; daí o significado do grande convite à alegria feito pelo anjo na promessa de que aquilo que ocorre está no desígnio da salvação de Deus. E é a mesma alegria prometida por Jesus a todos quantos crêem nele: "Eu vos disse isso para que a minha alegria esteja em vós e a vossa alegria seja perfeita" (Jo 15,11).

O *fiat* da anunciação não dispensa, porém, Maria de uma fadigosa busca; o sentido dos fatos que acontecem é procurado como proposta contínua de um itinerário sapiencial que se abre e se esclarece cada dia mais. Lucas nos apresenta em Maria uma mulher interiormente muito dinâmica: ela observa, reflete, assimila; ela aprende, assim, a ser mulher de fé; filha de Sião que se alimenta de Sabedoria[7].

---

6. *Ibid.*, p. 28-29.

7. E. Menichelli, *Maria, sorella nella fede. Indicazioni bibliche*, in *Maria icona della tenerezza del Padre. La spiritualità mariana nell'esperienza del Carmelo*, op. cit., p. 42.

Maria se apresenta, então, como ícone da ternura do Pai e do silêncio interior que acolhe e medita os eventos salvíficos na história[8].

Sorrir ao mistério

Para captar o sorriso de Maria, faz-se necessário, pois, percorrer um autêntico caminho teológico, a fim de alcançar o significado de toda a sua vida, que lhe justifica um sorriso além de qualquer dificuldade e problema. Sem, todavia, esquecer o contexto sociocultural em que a jovem mulher de Nazaré viveu esse admirável mistério, de todo "natural", sem apelos especiais que pudessem indicar sua excepcionalidade.

Esse não é um problema pequeno, uma vez que, no caso de se aprofundar em demasia no *modus vivendi* cotidiano daquele vilarejo da Palestina, arrisca-se a perder o *além* do anúncio e do evento de Jesus, mas se a pessoa se detém somente na letra da Escritura arrisca-se a construir um mito sem contato com a vida real. É preciso não esquecer, portanto, as considerações mais simples e humanas que devem ter conotado também a vida de Maria, alegrias e fadigas, trabalhos domésticos e relações familiares, expectativas e desilusões, mas continuamente lidas em perspectiva do que aconteceu depois: a morte e a ressurreição de Jesus.

> Muitas afirmações sobre Maria foram elaboradas a partir de representações e de símbolos que têm necessidade de ser interpretados para deixar apanhar sua verdade. Não podemos, todavia, limitar-nos a isso. O ponto está em que, de um lado, o pensamento simbólico deve ancorar-se em uma realidade lida na singular excedência, na singular transcendência de um Deus Totalmente Outro, que se exprime como misericordiosa proximidade; por outro lado, deverá reconhecer o mistério de Cristo. Desse

8. Santo Efrém, o Sírio, assim reza: "Bem-aventurada aquela que foi feita, para o mundo, manancial que jorra todo bem. Mulher santíssima, a única tornada habitáculo de todas as graças do Santíssimo Espírito".

modo, o pensamento e a linguagem simbólica não só não se instituem como alternativa ao dado histórico e a seus aprofundamentos críticos, mas são, antes, uma forma particular de seu aprofundamento. Tal perspectiva simbólica recupera toda a peculiaridade antropológica de Maria, porém a lê no quadro de sentido que ela recebe da sua relação com o evento Cristo. A feminilidade ou a pobreza de Maria, vistas qual lugar de um cântico de libertação, não podem ser deixadas para trás: a realidade humana de Maria não pode ser deduzida da graça de Deus ou da obra do Espírito, mas tampouco pode ser reduzida a seu valor cultural[9].

Nada é descurado, nem mesmo as interpretações sobre o que a jovem mulher, nos tempos do anúncio da sua prodigiosa maternidade, e mais tarde a mulher madura, que recebia críticas e elogios por aquele filho tão "extravagante", que ousava pôr as tradições em discussão e dar novas interpretações da lei divina, podia ter pensado e sofrido em seu coração. Foi uma mulher real, no tempo e na história, e viveu como suas coetâneas: não foi uma "privilegiada", não obstante marcada na vida por misteriosos acontecimentos. Sua real grandeza consistiu no haver crido no anúncio do anjo, mesmo quando se encontrava no estábulo, pondo no mundo um menino que os anjos cantavam como salvador do mundo; ou quando tinha sido constrangida a fugir de sua pátria por decisões doidas do déspota atemorizado pelas profecias, o qual fazia matar todos os pequeninos; ou quando via seu filho crescer como todos os meninos e sem sinais especiais, até o momento em que começou a compreender que a hostilidade do mundo o teria matado. No entanto, sempre acreditou que aquele era o Filho de Deus, o esperado da humanidade, o Messias do povo eleito.

O mistério do Deus feito carne encontra nela o mais total e radical acolhimento. Nesse sentido, será preciso admitir que Maria desempenha

9. G. COLZANI, *Maria. Mistero di grazia e di fede*, Cinisello Balsamo, 1996, p. 22-23.

um papel particularíssimo, mas claramente determinado, na história da aliança cristã. Sua tarefa, longe de exaurir-se no plano físico, requer a intervenção da sua liberdade, pedindo-lhe que se abra livre e responsavelmente ao agir de Deus: acolhendo, precisamente, o autocomunicar-se de Deus em Jesus, vive a experiência de uma comunhão salvífica que é, junta e inseparavelmente, pública e privada[10].

Da liturgia à iconografia

Em face de tal situação, nossa psicologia, de mulheres de hoje, está desorientada e não conseguimos pensar de que modo ela, mulher da Palestina sem grande instrução e sem ter lido livros de mariologia, tenha podido compreender tantas coisas! Que espécie de coisas terá ela falado com José e com o filho, nos momentos domésticos de intimidade? Sou levada a pensar que o verdadeiro e profundo amor pelo marido e pelo filho, que se traduzia em compreensão e respeito recíprocos, fazia de maneira com que ela pudesse encarar com serenidade também os momentos de maior dificuldade; não podia sentir-se sozinha e angustiada pelo futuro desconhecido e ameaçador. Ao mesmo tempo, porém, agiu, ensinou ao filho o modo de viver e de comportar-se do seu povo, inseriu-o na comunidade social, ensinou-lhe a lei.

Com efeito, andando sobre esse plano, não temos percursos fáceis, a não ser na liturgia e na iconografia. Na liturgia, porém, não há referências significativas à sua alegria, a não ser uma alusão às "Sete alegrias de Maria" em uso junto aos Servos de Maria, quais mistérios gozosos do rosário: com base nelas, foi traçada uma *via gaudii* (via da alegria, em paralelo com a dolorosa) a ser proposta à piedade popular nos tempos de Advento e de Páscoa[11]. Consta de sete "estações":

---

10. *Ibid.*, p. 25.
11. Cf. A. Bonetti, *Le gioie di Maria. La Via Gaudii Sanctae Mariae*, Milão, 1989.

1) *Anunciação do Senhor*: a alegria pelo anúncio da salvação.
2) *Visita a Elisabete*: a alegria do *Magnificat*.
3) *Nascimento do Redentor*: a alegria pela visita dos pastores e dos Magos.
4) *Ressurreição do Senhor*: a alegria do encontro com o seu Filho ressuscitado.
5) *Ascensão do Senhor*: a alegria pela glorificação de Cristo Cabeça.
6) *Pentecostes*: a alegria pela efusão do Espírito Santo.
7) *Assunção da Bem-aventurada Virgem Maria*: a alegria pela glorificação da Mãe.

A arte, por sua vez, desenvolveu um percurso muito amplo e complexo, unificando em cada tempo o sentir do ânimo do povo com as verdades da fé. Talvez se possa afirmar que a fé popular demandou sempre mais uma imagem de Maria próxima da vida do próprio tempo, um contínuo repropor o mistério da encarnação na história das pessoas envolvidas nos eventos dos tempos, por vezes duros, por vezes mais luminosos. É possível, assim, encontrar-se na riqueza das figurações artísticas um desenvolvimento da teologia, da expansão do poder temporal da Igreja, da participação dos fiéis no crescimento da espiritualidade. E até mesmo as contradições que fé e Igreja vinham a ocasionar ou a conhecer no decurso dos séculos.

Uma Madona de aspecto real é a imaginada por artistas dos primeiros séculos, sentada no trono, com o pequeno Jesus sobre os joelhos; na época românica, Nossa Senhora é hierática, separada do mundo terreno: é antes de tudo Mãe de Deus (*Theotòkos*). Giotto a vê como mãe terrena no sentido pleno do termo, digna e altiva, não estranha à vida, com o Menino entre os braços, circundada por anjos e santos. A seguir, no século XIV, com Duccio e Lorenzetti, as Madonas tornam-se cada vez mais carregadas de humanidade, amamentam o Pequenino, cobrindo-o com olhares de ternura. No gótico, a Virgem é a mais perfeita entre as criaturas, sendo ela própria criatura: seu semblante é coberto de beleza e poesia, o olhar é cheio de ternura. Uma beleza quase sobre-humana que representa pureza e, juntamente, uma sensação de profunda serenidade, manifestada por doces sorrisos. A seguir, vai aos poucos mudando o aspecto das Madonas, que se faz mais sério e grave, não mais vestes reais: Maria muitas vezes é jovem menina destituída de ornamentos, humilde por excelência e acolhedora para com todos.

No Quatrocentos, a Madona é tema privilegiado para pintores e escultores. Mãe de Deus, Virgem sem Menino, com o anjo na Anunciação, no templo para a Apresentação, na glória da Assunção, como Imaculada e Senhora da misericórdia. De Fra Angélico a Piero della Francesca, obras admiráveis nos oferecem Maria mãe de Jesus, mas também mãe dos seus devotos, em atitude de conforto, proteção e consolação dos fiéis, em atitudes tipicamente humanas.

> De imperatriz a mãe, primeiro de Jesus e, depois, de todos os fiéis. A solene e augusta senhora tornou-se mãe terna, primeiro, protetora diligente e segura, depois. Essa foi a evolução da figura e da expressão de Maria na arte, desde o primeiro milênio até o século XV, até o abrir-se da estação que será o Renascimento. O século XVI nos mostra nove interpretações da figura mariana, e os maiores artistas nos deixaram Madonas dignas de serem incluídas entre suas obras-primas[12].

No século XVII, com Rubens, a pintura flamenga propõe uma jovem mulher que olha com afeto o filho pequenino a brincar com o priminho João em ambiente familiar e doméstico, ao passo que Rembrandt, na *Sagrada Família*, pinta uma moça jovem de rosto sorridente e de indumentária simples, que contempla ternamente o menino sobre seus joelhos. Na escola espanhola, El Greco pinta a *Coroação da*

12. P. Cerami – B. Scharf, Madonna, ma donna, in *Jesus*, agosto 2003, p. 56-63.

Virgem com Jesus que, nos céus, acolhe a mãe; Murillo, entre suas numerosíssimas "Imaculadas", vê a jovem e bela moça, de notável delicadeza, com veste branca e manto azul — da qual se reproduzem miríades de imagenzinhas —, o olhar está voltado para o céu com serena confiança e a certeza de ser nele acolhida como rainha: um leve sorriso ilumina-lhe a face. Depois do século XVIII, e nos séculos subseqüentes, as figurações da Madona multiplicam-se, os artistas voltam aos modelos tradicionais, interpretam-nos segundo novos critérios, mas em geral Maria é uma mulher simples, muitas vezes em vestes de pessoa do povo, de expressão muito doce e com posturas maternas.

A alegria é para todos

O tema da alegria induziu Paulo VI a escrever uma exortação apostólica, intitulada *Gaudete in Domino* (1975), que começa precisamente com as palavras do anjo a Maria: "Alegrai-vos no Senhor, porque ele está próximo de quantos o invocam com coração sincero!". O Papa convida a implorar o dom da alegria e a celebrá-la com hinos, reconhecendo mesmo a necessidade de conhecer a alegria, de ouvir seu canto nestes nossos tempos, em que escasseiam as razões para regozijo, e escasseiam ainda mais nos tempos difíceis em que o Pontífice escreve aquelas reflexões jubilosas.

> Da alegria trazida pelo Senhor ninguém é excluído. A grande alegria anunciada pelo Anjo, na noite de Natal, é verdadeiramente para todo o povo: para o de Israel que esperava então ansiosamente por um Salvador, bem como para a multidão inumerável de todos aqueles que, no decorrer dos tempos, virão a acolher sua mensagem e a esforçar-se por vivê-la. [...] Os discípulos do Senhor e todos aqueles que crêem em Cristo são chamados a participar dessa alegria. Jesus

quer que eles tenham a plenitude da sua alegria. A alegria de habitar no amor de Deus[13].

Maria é a primeira grande testemunha da alegria cristã, ela compreendeu que Deus realiza obras maravilhosas:

> De maneira nenhuma se há de dizer que o desenrolar-se da sua vida, aparentemente, sai da trama ordinária; mas ela medita os mais pequenos sinais de Deus, repensando-os no seu coração. Nem se diga que lhe foram poupados os sofrimentos: ela encontrou-se junto da cruz. [...] Mas ela foi também sumamente aberta à alegria da ressurreição; e foi elevada, também ela, em corpo e alma, à glória do céu. Primeira criatura redimida, imaculada desde o momento da sua conceição, morada incomparável do Espírito, habitáculo puríssimo do Redentor dos homens, ela é ao mesmo tempo a Filha amadíssima por Deus e, em Cristo, a Mãe universal. Ela é o tipo perfeito da Igreja terrestre e glorificada. Que ressonância maravilhosa têm na sua existência singular de Virgem de Israel as palavras proféticas concernentes à nova Jerusalém: "Intensamente me alegro no Senhor" (Is 61,10). [...] Junto a Cristo, ela recapitula todas as alegrias, ela vive a alegria perfeita prometida à Igreja: "Mater plena sanctae laetitiae" (Mãe repleta de santa alegria); com razão, pois, os seus filhos da terra, ao voltarem-se para aquela que é mãe da esperança e mãe da graça, a invocam como a causa da sua própria alegria: "Causa nostrae laetitiae" (Causa da nossa alegria)[14].

Este é um fragmento ulterior para compreender o sentido da alegria e ver seu reflexo no sorriso de Maria. Como dizia o bispo Tonino Bello, "não existe amargura humana que não se dissolva em um sorriso", e isso o induzia a imaginar Maria como mulher que sabe dançar seguindo

13. Paulo VI, *Gaudete in Domino*, cap. III.
14. *Ibid.*, cap. IV.

seu espírito exultante (do verbo latino *ex-sulto*, que quer dizer saltitar aqui e lá). O Bispo indagava-se:

> E não vos parece uma blasfêmia a mera suspeita de que Maria fosse uma criatura debilitada de paixões, pobre de impulsos, destituída de calor humano, apenas macerada por jejuns e abstinências, genuflexa sobre os espelhos frígidos das contemplações, incapaz daqueles dolorosos tormentos interiores que explodem na graça do canto e na dilatação corpórea do ritmo?[15]

Maria canta e testemunha a alegria do futuro.

Na história do cristianismo, do mesmo modo que ela o fez, foram sempre as mulheres, místicas e profetisas, que relataram a alegria da relação privilegiada com Deus, narrada simbolicamente como matrimônio místico, alegria que lhes permitirá suportar as provas mais difíceis[16].

Matilde de Magdeburgo fala de uma felicidade que a faz perder os sentidos; Ildegarda de Bingen dá testemunho de uma luz que lhe tira toda tristeza e angústia e a faz sentir-se como uma menina; Clara de Assis interroga-se: "Quem poderá me impor que não rejubile na presença de tão numerosas e admiráveis alegrias?"; Ângela de Foligno dá testemunho de sua total alegria na união mística com Deus. Uma felicidade imensa que, todavia, declina com a dor,

> porque a exultação verdadeira só pode existir desde que se apreenda a plenitude da vida e, portanto, também seu lado de sombra. Uma exultação da qual os prazeres humanos não podem ser senão um presságio, uma ajuda momentânea para suportar o peso do destino[17].

15. A. Bello, Maria donna dei nostri giorni, in *Jesus*, suplemento maio 1993, p. 90.
16. L. Scaraffia, *E il mio spirito esulta in Dio, mio salvatore*, op. cit., p. 33.
17. *Ibid.*, p. 33.

Nossa Senhora de Chartres

(Henri Ghéon)[18]

Sou negra, porém bela,
Cor das imensas lavras
Das quais a Providência eterna
Nutre o grão, cor do dia.

E, como a gleba, também levo,
Às escondidas dos meus lavradores,
O pão secreto que reconforta
Assim como os corpos, também os corações.

Este bom povo me intuiu
Antes do nascimento por Deus
Como divina e designada
Para aliviar o peso dos céus.

Em meio às divindades obscuras
Que reinavam sobre esta velha nação,
Filhas do medo e da sombra,
Eu fui a única que sorri.

E, perplexos ao meu sorriso,
Os sacerdotes do carvalho e do vento
Pressentiam o imenso império
De um Senhor mais doce e maior.

18. Henri Ghéon, escritor francês, nascido em Bray-sur-Seine em 1875 e morto em Paris em 1944, foi amigo de A. Gide e de J. Copeau, com quem colaborou na *Nouvelle Revue Française* com estudos sobre o drama poético; converteu-se ao catolicismo em 1915 e tentou fazer renascer o teatro cristão nas formas do mistério medieval. O texto aqui apresentado é extraído de COMUNITÀ DI BOSE (org.), *Maria. Testi teologici e spirituali dal I al XX secolo*, Milão, 2000, p. 1361.

Assim elevou minha imagem
Sob o pequeno fardo florido de dons
Com os quais coroavam meu rosto
Como uma oferta ao Deus sem nome,

E ninguém suspeitava ainda
Neste anuviado Ocidente
Que eu trazia em mim a aurora
Que estava para surgir no Oriente.

Sou negra, porém bela,
Meu povo compreendeu minha beleza.
Ele foi, primeiro que a fé, fiel
E eu lhe devo fidelidade.

Sobre a planície que ele lavrou
Farei surgirem duas altas torres
Para que suas messes sejam abençoadas
Por sua grande sombra, todo dia.

Como uma gleba, sob a Igreja,
Eu germino – e não cessarei mais
De gerar a Graça prometida.
A meu povo: a espiga, Jesus.

4

Reflexões

e experiências compartilhadas

Maria: mulher, irmã e mãe

Após haver individuado alguns parâmetros de referência na Escritura e no magistério da Igreja, dos quais se podem deduzir as razões da felicidade e do sorriso de Maria, e algumas ressonâncias dessa manifesta alegria nas tradições históricas da devoção mariana, argumentei com diversas pessoas para compreender quais são as questões que principalmente causavam problema, e quais as que facilitam a aproximação dos fiéis a Maria, a fim de apreender o sentir pessoal e perceber as concepções mais difundidas, as diferentes abordagens do tema. O resultado não é certamente uma pesquisa sociológica modelo, nem uma espécie de tomada de posição sobre alguns assuntos; apenas conversei com algumas pessoas dispostas a pensar e a exprimir sua reflexão, colocando à mercê da crítica seu patrimônio de considerações, também espirituais. Juntos, fizemos considerações.

Minha intenção não é confrontar opiniões, nem sequer fazer um *talk show*, mas sim buscar ulteriores fragmentos de compreensão para enriquecer nossa pesquisa com mais vozes. A experiência foi de todo positiva e quereria poder fazer sempre assim quando deparo com um tema importante e complexo, motivada por quanto foi estimulante poder argumentar confiantemente e em escuta recíproca! Infelizmente não está muito em uso tal forma de pesquisa, principalmente em se tratando de temáticas religiosas.

Neste nosso raciocinar em voz alta e em conjunto, alguns assuntos, aparentemente, parecem ser repropostos; porém, dado que os pontos de observação são diversos em virtude de mentalidades, sensibilidades e profissões diferentes, brota daí uma argumentação articulada que não fecha as questões, abrindo-as, ao contrário, a ulterior pesquisa, o que torna original e convergente toda intervenção individual. Em razão disso, agradeço às pessoas que se deixaram interrogar e "provocar" sobre algo de insólito: um docente, um pároco, um psicoterapeuta, uma mulher *manager*, uma psicóloga.

A linguagem
Colóquio com Teresa Ciccolini

A atenção à linguagem, às palavras, à tradução de uma língua e de uma cultura para uma outra está na base de uma compreensão mais coerente do texto e da mensagem nele contida, sem esquecer que, de qualquer maneira, o que nela deve transparecer é a palpitação da vida. Baseada nisto, argumentei com Teresa Ciccolini, docente de latim e grego, estudiosa de disciplinas teológicas e bíblicas.

Há algumas palavras que são sublinhadas para não cair em erro de interpretação, como a dizer que, cometendo erros nos dados de identidade de uma pessoa, arrisca-se a falsificar sua imagem?

Indubitavelmente, mudam os dados da situação. Assim, no relato da anunciação como foi escrito pelo evangelista Lucas, há uma intervenção falada do anjo: na experiência real de Maria, não sabemos como ocorreu tal intervenção, mas certamente a língua usada devia ser o aramaico, língua de Maria, ao passo que os Evangelhos são escritos em grego, portanto uma língua que não era nem mesmo dos evangelistas (talvez de Lucas, que era um helenista), os quais eram de cultura semítica. A saudação χαῖρε (alegra-te) deveria traduzir *shalom*, como provavelmente terá ocorrido, pois era a saudação de uso aramaico. Se em grego quer dizer: "Está bem, alegra-te, fica contente", o termo aramaico é mais rico e teológico, porque evoca as bênçãos de Deus e os bens dos quais o homem pode gozar também sobre esta terra, porque é objeto do olhar do Senhor. No χαῖρε estão mais as conseqüências daquelas bênçãos que podem bem ser alegria e letícia, mas não a espessura do significado hebraico; além disso, o *ave* latino com que é traduzido na Vulgata a saudação do anjo significa: "Sê vigoroso, sê sadio", associado também a *salve* e a *vale*, uma saudação que era usada também pelos militares, correspondente ao valor que os latinos atribuíam à galhardia física e, portanto, exprime um augúrio de boa saúde física. Seja como for, o termo grego é mais rico que o latino e que nossas traduções com "salve", que quer dizer: "Resguarda-te da doença!".

Há também o *fiat mihi*, que no texto (Lc 1,38) é γένοιτό, e que indica o acontecer e põe um acento de autonomia do sujeito com relação ao que deve suceder, um projeto que é proposto a Maria e que ela aceita.

Um outro motivo é dado pela palavra συμβάλλουσα: "Ela retinha todos esses acontecimentos em seu coração e os *meditava*" (Lc 2,19). É traduzida com aquele "meditava", que dá a idéia de uma meditação calma, pacata, silenciosa, ao passo que o verbo indica um debate interior, um confronto, um colocar-se interrogações interiores, é mais a idéia de uma busca do que a de simples aquisição ou aprofundamento de coisas. Também o famoso particípio κεχαριτωμένη que, traduzido por "cheia de graça", dá o sentido de uma beleza que é transfigurada, mais que de uma beleza congênita da sua personalidade. Nesses textos, há sempre o perigo de anular a personalidade de Maria. Faz-se com que ela derive da sua dependência de Deus, ao passo que o seu referir-se a Deus, a assim chamada obediência, é uma escolha sua precisa, consciente e significativa[1].

O que é que produz aquela espécie de embaraço que as mulheres de hoje sentem, ou sofrem, nas confrontações com Maria?

A cultura mariana de hoje sente as conseqüências da estratificação das denominações que foram atribuídas a Maria no decurso dos séculos. Nós fomos educadas a pensar nela como mãe, mãe da Igreja, mãe dos fiéis, quando, em vez disso, antes de tudo ela é mãe de Jesus. Também aos pés da cruz — relato construído por João e ausente nos Sinópticos (cf. Jo 19,26-27) — as palavras com que Jesus confia a mãe ao discípulo amado estão a explicar a relação entre Maria e a comunidade dos crentes: não é tanto o pronunciamento com que confia a mãe ao amigo para que a proteja, mas é um pronunciamento de caráter espiritual: melhor dizendo, é a crente, que creu até o fundo, que é confiada à comunidade dos crentes como modelo de fé. Está mais próximo da minha sensibilidade pensar em Maria como irmã, a irmã crente, a irmã na fé. Ela inaugurou

1. "Maria é indicada como mulher que foi transformada pela graça, pela χάρις e, portanto, torna-se agradável e aceita a Deus. Maria não é chamada pelo nome, pelo anjo, mas com esta expressão que se torna quase seu nome próprio: Maria é completamente definida pela ação de Deus nela e pela missão para a qual a habilita. Esse verbo designa a relação entre Deus e Maria: ela fez espaço para a graça de Deus sobre ela e permanece sob o efeito dessa ação divina soberana e gratuita, que é uma verdadeira e própria eleição" (E. BIANCHI, *Maria, terra del cielo*, in COMUNITÀ DI BOSE (org.), *Maria. Testi teologici e spirituali dal I al XX secolo*, op. cit.,, p. XXXVII).

um modo de ser crentes e nos chama a ser autônomas na fé, a levar adiante um argumento que ela não toma de ninguém, não pede conselho, nem se faz guiar por outros para compreender o projeto do filho, nem pede explicações ao próprio filho, mas conserva os problemas em seu coração e elabora-os até compreender seu significado[2], dócil e aberta à presença do Espírito, que é uma realidade e incitamento de amor.

Também em Caná, diante daquela expressão de Jesus, "Que queres de mim, mulher?" (Jo 2,4) — afora o fato de que era uma locução bastante freqüente no grego helenístico, para dizer: "Agora não é o momento", e o próprio termo "mulher" não é absolutamente irreverente, ou melhor, reconhece e respeita a autoridade e a autonomia de Maria além de seu papel materno —, Maria diz aos servos que façam o que o filho lhes for dizendo, indicando uma relação com ele que chega a ser tal, a ponto de superar as próprias palavras que podem ser confidenciais e não formais. O importante é que ela chama Jesus a um excesso, não a uma necessidade. É um milagre "supérfluo", e nisto João é grande ao relatá-lo como um primeiro milagre, é um excedente para que os esposos não fiquem desonrados, para fazer continuar a festa que, segundo o costume, durava diversos dias. A atitude de Maria não é uma mediação, mas uma intervenção direta, e Jesus aceita fazer continuar a alegria, como se fosse a alegria de Maria.

O cristianismo não é uma doutrina, é uma mensagem risonha, de alegria. Maria é evangelizadora precisamente porque compreendeu que é tal: uma mensagem de alegria.

2. Também Orígenes, no século III, era de opinião que mesmo que Maria não compreendesse perfeitamente as palavras de Jesus, estava, todavia, consciente de que eram divinas e que ultrapassavam o humano. Ao passo que para santo Agostinho não teria sido oportuno para Maria o fato de ser mãe, se não houvesse carregado Jesus mais felizmente no coração do que na carne.

A imagem
Colóquio com Fulvio Scaparro

Encontrar um semblante, uma imagem. Dificilmente temos em nós o semblante de Maria, não obstante a rica iconografia e até mesmo as aparições e visões, que nos teriam permitido a posse de representações verídicas da face tão amada e procurada pela devoção mais ampla e compartilhada. Dessa figura materna, não possuímos uma idéia real, mas, ao contrário, cada um a idealizou ou prefigurou, de acordo com a própria fantasia ou expectativa pessoal. Isso emergiu do colóquio com Fulvio Scaparro, psicoterapeuta e escritor.

Podemos nós reencontrar o rosto de Maria e, se isso for possível, que imagem nos transmite?

Serão fantasias, mas não podemos pensar sempre na Madona dando à luz, ou apenas como mãe e, mais tarde, em Nossa Senhora com mais de trinta anos e com o cadáver do filho nos braços. Seria impor limites, também, para a imagem que se reflete sobre as mulheres, como se para elas a vida consistisse em pôr crianças no mundo, viver para elas; se, além disso, um filho morre antes que a mãe, esta não tem mais nada a fazer e sua vida acabou. Sentimos dificuldade em pensar na Madona sorridente, divertida, contente com este filho e com esta vida. O sorriso da Madona é aquele que eu imagino, não o que me foi transmitido, porque na realidade não me foi transmitido; por meio da minha experiência e do quanto aprendi sobre a Madona, não sei imaginar para mim o sorriso de Maria.

Na realidade, crescemos com a imagem da Madona como personagem a ser respeitada, tal como as estatuetas mais propagadas, vestida de branco e azul celeste com a serpente sob os pés, em atitude sempre muito compenetrada, com os olhos voltados para o alto. Tudo isso é a negação da mulher em carne e osso, tanto é verdade que é impossível fazer um confronto entre a Madona e as mulheres. Nunca tive relatos de cotidianidade de Maria, mas somente e sempre uma vida ligada a situações ultraterrenas: sempre outra coisa, e, em geral, parece-me que se insiste mais na humanidade de Cristo do que na de Maria.

Na iconografia, os pintores, que não iam contra as opiniões da época, reproduziam cenas da natividade em que Maria está absorta (atenta a um acontecimento fora do alcance de sua compreensão), mas também afável; veja-se *Nossa Senhora do Parto*, de Píer della Francesca. São concepções de maternidade que correspondem à sensibilidade e às expectativas das diversas épocas, embora se consiga ver a Madona serena, tranqüila, contente; por alguns detalhes, pode-se imaginá-la divertida em algumas atmosferas e atitudes. Ela se regozija não só porque Deus se fez homem, mas também porque tem o filho a seu lado.

Quanto ao restante de sua vida, Maria foi posta em uma redoma de vidro, colocada fora da realidade, superprotegida; só a revemos na dor. Ela é então apresentada como mulher derrotada, até mesmo desesperada, embora tenha a promessa de uma história do filho que vai além da morte. A profecia fatal a propósito da dor e da espada no coração é que teria tido a reação de uma mulher diante de um acontecimento que mesmo assim não é para ser considerado apenas do seu lado humano. Jesus teve os sofrimentos, as humilhações e a morte, reais de um homem, e o mesmo percurso de dor autêntica foi vivido também por Maria. A Madona podia ser uma mãe com reações humanas: se Cristo foi humano, ela, com maior razão, pois que era criatura.

A permanência de uma figura tão projetada para além dos confins humanos é ainda fortíssima, no dia de hoje? E que sentido pode ter?

É fortíssima e eficaz. Com efeito, toda vez que se subtrai uma pessoa dos destinos do mundo, você a torna de longa duração, ou de todo eterna, você a subtrai dos ataques da história e do tempo, pois, o que quer que faça, permanece na excepcionalidade; tanto que concedemos a certas pessoas, conduzidas para fora da disputa, fazer coisas não consentidas a outros. Para nós, é necessário ter alguma figura inatacável para sobreviver às nossas contradições do cotidiano; se, todavia, mais tarde aquele personagem cai por algum motivo, não há esperança de reconduzi-lo aos níveis precedentes: é como um sonho nosso, uma projeção nossa, da qual temos necessidade, e que pode esvaecer-se. Maria, no entanto, é uma figura milenária que respondeu ao longo dos séculos também a exigências e necessidades diversas, mas está circundada por dogmas. E dogma, para mim, constitui a superdefesa: é aquilo sobre que não se deve discutir, mas é aceito, não é mais suscetível de opinião. Tudo quanto está blindado me causa problema: por que foi blindado? Talvez porque naqueles tempos houvesse a possibilidade de ataques que podiam demolir sua imagem?

É correto buscar o sorriso em um personagem como a Madona?

Só se pode fazê-lo trazendo-a para a Terra, isto é, imaginando sua vida dos anos menos conhecidos, em família, com Jesus e José. Uma família como muitas, em todas as partes do mundo, com vicissitudes como também nós as conhecemos, com momentos que terão sido de alegria, de júbilo, de companhia com amigos e parentes. Então está sorridente. Jesus, para conhecer os homens, fez-se homem. O homem, no entanto, faz o inverso: transforma em superdivindade uma mulher que adora, mas que depois não sente mais tão próxima. Verdade é que, quando alguém está mal, invoca a Madona, chamando-a com freqüência como à mãe, porém isso não permite compreendê-la verdadeiramente em sua plenitude.

Além disso, a tradição mariana que se foi construindo no tempo foi determinada pelo mundo masculino, em desvantagem da mulher e das mulheres: uma mulher escolhida, amada, preferida, para que desse a vida ao Filho de Deus, não é coisa de pouca monta, nem para ser colocada em segundo plano, precisamente em seu ser mulher. No fundo, muitos personagens tiveram nascimentos desconhecidos e abandonados ao mito, ao passo que para Jesus foi escolhida justamente uma mulher, precisa, determinada, dentro da história; e em vez de elevar a mulher, beatificando e santificando Maria, transportando-a para tão alto a ponto de esquecer e deixar que se perdesse o fato de que era mulher, esta foi bloqueada, paralisada. Assim, as mulheres não tiraram vantagem alguma pelo nascimento de Jesus de uma mulher! Qualquer outra mulher, comparada a ela, é pobrezinha.

A COTIDIANIDADE

Colóquio com Angelo Casati

Um âmbito no qual se deveria aprender a exprimir da melhor maneira a própria propensão à fé e adquirir uma formação contínua para ser pessoa adulta também diante de Deus é a paróquia, mas é justamente na comunidade territorial que parece mais difícil medir-se acerca da cotidianidade da resposta ao projeto de Deus: pode-se divisar aí o sorriso de Maria? Qual a relação vivida com a realidade mariana? Perguntas importantes para quem tem a responsabilidade de guiar e formar tal comunidade, por isso interpelei dom Angelo Casati, um pároco de Milão, e procurei recolher os pedidos que os fiéis mais freqüentemente dirigem a Maria.

Por que parece mais fácil aderir à devoção para com Maria, mesmo para quem menos freqüenta a igreja, sem ter de formular a si mesmo grandes interrogações de fundo?

A devoção a Maria é propagada, alcança até os que estão distantes. Às vezes, porém, corre o perigo de ser reduzida a devocionismo, a talismã: Maria concede as graças e eu acendo a vela. "Não peço a Jesus, mas peço à Nossa Senhora", como muitos dizem. Mas existe também um lado mais sério neste ir além do limite quanto à devoção a Maria, que atinge também os não freqüentadores habituais de igrejas, e que consiste reconhecer nela uma mulher, uma mãe, portanto uma pessoa próxima.

Coisa sublime para muitos é ouvir que Maria é uma mulher, é uma de nós, uma pessoa concreta, é criatura. Você a sente próxima, porque ela fez aquele percurso de vida que você também está fazendo. O fato de senti-la uma de nós faz intuir que dentro desse percurso pode haver um sinal também para nós.

Entretanto, é um pouco difícil pensar nela como igual a nós, porque somos sempre solicitados a pensar nela de tal modo além de nossas dimensões, que a tornamos inatingível. Um modelo não mensurável com a minha pequenez e projetado além só faz com que me afaste dele.

A experiência que carregamos sobre os ombros é exatamente essa. Colocaram uma mulher sobre o trono, revestiram-na de vestes esplêndidas e nada mais restou da sua vida real. Certamente não anda mais sobre esta Terra. É o esvaziamento da vida real e, juntamente, do significado verdadeiro da alegria. A mim agradaria ver sua alegria não sobre o trono, que nunca lhe coube, mas dentro de seu caminho real: em suas sandálias, em suas vestes, ao despertar pela manhã para preparar o alimento, enquanto vai à fonte. Desses aspectos mais cotidianos, têm-se apenas borrifos de narração no Evangelho. Na narrativa da visita a Elisabete, por exemplo, fala-se da alegria que Maria tinha dentro de si, uma alegria que não conseguia conter, uma alegria junto com um medo. A emoção torna-se um abraço. E a alegria não pode ser vivida na solidão, é alegria de estar juntos. É desejo de compartilhar com a prima um segredo que não sabia a quem dizer e como explicar.

O sorriso está dentro do que lhe está acontecendo, algo que a faz rejubilar-se e preocupar-se ao mesmo tempo.

Preocupada porque custava a compreender? Naquela aparente normalidade, devia intuir e captar o sentido do que lhe havia sido anunciado.

Apraz-me pensar que quase toda a vivência terrena de Maria é colocada dentro de uma história de casas, dentro da casa e fora da casa: da casa de Nazaré, lugar da anunciação, ao pavimento superior da casa de Jerusalém onde Maria, de volta do monte da ascensão, encontra-se com os discípulos a orar. Dois lugares de algum modo fechados. Também Maria é tentada a ter uma casa "apertada". Quando Jesus, já adulto, sai de casa, ela é tentada a trazê-lo de volta, porém Jesus reage àquele conceito de casa, e diz que seus familiares são aqueles que seguem a sua palavra, que a sua casa é a casa do Pai[3].

Uma longa viagem de Maria de uma casa a outra. Não tanto uma viagem exterior, que se traduz em quilômetros, mas uma viagem no espírito, e que viagem! Da casa de Nazaré, casa de anúncio onde vê e não vê, onde Maria tem um sobressalto de alegria, mas também de medo, porque não via — e a palavra do Anjo: "Não temas" a encoraja —, à casa de Jerusalém, a casa no andar superior, onde se realiza o grande mistério. E aqui Maria, a mãe ("a mãe de Jesus", assim é chamada), com

---

3. É interessante a referência feita por Enzo Bianchi: "Na igreja de São Salvador em Chora, em Istambul, obra-prima da arte cristã de mosaico, no título de um deles, que reproduz Maria, está contida uma das mais eloqüentes sínteses de teologia mariana de todos os tempos: lá onde o Cristo é apresentado como η χώρα των ζώντων (o lugar-situado dos viventes), e Maria é dita η χώρα του αχωρήτου (o lugar-situado daquele que não tem lugar-situação). Este nome de Maria, atestado também na iconografia bizantina, apreende melhor que qualquer outro o significado evangélico da Mãe do Senhor. Ela foi antes de tudo espaço, lugar de acolhimento daquele que habita todo espaço e que por nada pode ser contido" (E. Bianchi, *Maria, terra del cielo*, in Comunità Di Bose (org.), *Maria. Testi teologici e spirituali dal I al XX secolo*, op. cit., p. LXIV).

os irmãos dele e algumas mulheres, está à procura dos apóstolos, como se sua casa se houvesse ampliado. Maria fez uma longa viagem daquela casa em Nazaré à casa de Jerusalém; ela também, como todos nós, não compreendia naquele momento, também ela levou tempo para entender. No início, também ela se mantinha presa à sua casa, mas aquele filho ia embora; e começou a ir-se aos doze anos. Mais tarde, foi-se embora para sempre, e era um homem. E ela, juntamente com os irmãos e as irmãs dele, certo dia — diz o Evangelho — foi à sua procura para trazê-lo de volta. Todavia, aquele filho havia planejado um círculo de pertença maior: aquele constituído pelos discípulos, quase uma outra casa. Após uma longa viagem em seu coração, encontramos Maria no círculo maior, junto com os discípulos do seu Filho.

Maria deve realmente ter tido momentos de alegria humana com esse filho que se tornou grande, em sua escola e a seu exemplo; exemplo dela, de José e dos familiares, o que atesta ter ela de fato tido um período de vida sereno, e não somente de dor.

Esses momentos de normalidade não foram relatados. Infelizmente, a normalidade não foi narrada nunca, ou quase nunca. Havia-lhe sido dito pelo anjo que aquele filho seria grande e que o Senhor Deus lhe daria o trono de David. E ela o via trabalhando como carpinteiro. Maria teve de aprender a não sobrepor seus projetos à realidade, a descobrir, dia após dia, o "diferente" daquele filho, aquela sua grandeza que não consistia na excepcionalidade. O "alegra-te" pela promessa perpassava coisas pequeninas e cotidianas, as alegrias de cada dia.

O episódio do vinho nas núpcias de Caná, na Galiléia, revela a atenção de Maria às coisas que podem causar alegria, não importa que sejam pequenas, e ao que pode fender a alegria, a alegria de uma festa. Uma atenção, a sua, que, sem dúvida, vinha de longe, de uma educação para descobrir um sorriso que brota do íntimo, de um modo mais profundo de contemplar a vida, da percepção do mistério que atravessa a vida.

O grande segredo, a ser aprendido de Deus, é o de manter a alegria quando a vida já não transcorre dentro de teus programas. Interessante, então, é descobrir de onde nasce a alegria em Maria: nasce de sentir-se enormemente amada por Deus, de sentir-se por ele compreendida mesmo quando não compreendia; nasce de propiciar proximidade com o outro, com uma visita, como fez com Elisabete; nasce de salvar a festa dos outros, como sucedeu em Caná; nasce de viver momentos de intensa fraternidade como ocorre em Jerusalém, na sala do andar superior.

Poderia ter Maria um sorriso para esse filho fora dos esquemas, mas que, sem dúvida, era capaz de compreendê-la e que, com toda a certeza, nunca interrompeu a comunicação com ela? É possível pensar que não havia distância entre eles, nem conflitos, nem vazio de transmissão. Dado que ele ficava fora de casa, o vínculo entre eles deve ter sido especial, ela terá se sentido compreendida pelo filho mais do que ela própria podia compreendê-lo de todo.

Ele, que sempre demonstrou sensibilidade e compartilhamento pelas fadigas dos humanos, com certeza deve ter compreendido o sacrifício que sua mãe fazia. E o fato de se sentir compreendido traz serenidade. Mesmo que sinta dificuldade em compreender, você se sente aliviado se o outro compreende e o compreende.

É sublime salientar a comunicação profunda que deve ter havido entre Maria e seu filho. Enquanto muitas vezes se ouve dizer que um filho assume características do pai e da mãe, raramente se ouve dizer isso de Jesus. Não obstante, está escrito que Jesus em Nazaré, naquela casa, crescia, e não só pelo alimento ou pela proteção daquela casa, mas pelas presenças. Aprendeu. Também da sua mãe. É o que revela o episódio de Caná. Esquece-se freqüentemente que aquele filho cresceu ao lado de José e de Maria. É um grave equívoco pensar que a vida de Jesus seja considerada apenas dos trinta anos em diante. Como adulto, levou a termo — e creio que em medida não pequena — o que havia amadurecido em sua casa. Se não se tornou um asceta à maneira de João Batista, é também porque em sua casa respirou um outro modo de ser. Jesus estava sempre acompanhado, gostava muito de participar da ceia, apreciava as coisas belas, era criticado até porque fazia refeições com publicanos e pecadores. De quem lhe terá vindo tudo isso? A atenção de Maria em Caná talvez possa sugerir um indício: aquele seu modo de ser, de relacionar-se com as pessoas, uma forma amistosa, atenta, afetuosa, cheia de simpatia, de confiança, de co-participação com o sofrimento dos outros, com certeza deve tê-lo aprendido também em sua casa. Isso não é dito senão raramente. Mas para mim parece ser uma coisa importante.

Pode-se hoje pensar que Maria teve realmente do que sorrir para a humanidade e com a humanidade?

Penso que sim, penso que isso aconteça toda vez que seu filho é mencionado e amado sobre a Terra, toda vez que a alegria se propaga no mundo. Toda vez que alguém faz com que um de seus filhos sorria sobre a Terra.

A SOLIDARIEDADE
Colóquio com Daniela Mazzuconi

A solidariedade de mulher para mulher, descoberta e reconhecida em Maria, pode ser outra nota importante para projetar aquela relação harmoniosa entre ela e o mundo circunstante, entre ela e o tempo, de tal maneira que se possa atravessar a história com um sorriso, e é isso que me fez observar Daniela Mazzuconi, mulher *manager*, empenhada ativamente em diversas atividades sociais e eclesiais, especialista e atenta a muitas questões culturais e políticas do nosso presente.

É possível recuperar Maria como mulher entre as mulheres, além do aparato simbólico, e possivelmente discernir seu semblante sorridente, de amiga, de irmã?

Para pensar no sorriso de Maria, é preciso que nos recolhamos um pouco em nosso íntimo, porque não é a primeira coisa que nos vem à mente, pois prevalecem outras atitudes, outras expressões humanas. Nas núpcias de Caná, ela está atenta, percebe que falta o vinho, repreende docemente Jesus, e é uma mulher em uma festa, na qual terá sorrido abundantemente, quando não, terá chegado mesmo a rir. Creio que ela, como todas as mães, terá sorrido a seu pequeno, terá sorrido das pequeninas coisas que ele fazia e terá sorrido em sua cotidiano; para chegar ao sorriso de Maria, é preciso, naturalmente, concentrar-se muito: não é a primeira idéia que ocorre ao pensar sobre ela. No imaginário coletivo, foi apresentada de um modo desmaterializado e elevada a níveis acima da santidade, tornando-se assim difícil restabelecê-la na dimensão humana. É a Mãe de Deus, e isso torna impossível sua historicização consumada e precisa, sua materialidade e seu aspecto fenomênico, enquanto o sorriso diz de uma atitude espiritual, mas também a fisicidade de um compartilhamento emocional nos fatos reais da vida.

Há tempo, Maria vem sendo proposta como modelo do feminino, e isso mereceria uma atenção particular, porque é proposta como tal na simbologia de algumas virtudes, todavia é difícil, principalmente para as mulheres contemporâneas, apreender o sentido da relação. Em primeiro lugar, porque essas virtudes, das quais ela se tornou modelo, mereceriam uma explicação paciente para a mulher de hoje e uma convicção profunda que hoje não existe, e, em segundo lugar, porque o modelo é apresentado como geral e abstrato, desligado do contexto da cotidianidade e da vida que uma mulher vive. Afinal, o que sabemos nós da vida cotidiana de Maria para propô-la como modelo de mulher obediente, que acolhe o amor dentro de si, que deu amor, o que sabem as mulheres de hoje da vida cotidiana de Maria?

Entretanto, seria necessário recomeçar a partir da pergunta: "O que é virtude para a mulher contemporânea? A que virtudes dar crédito?" e, com base nas respostas, formar convicções profundas, porque me parece oportuno voltar a falar de "virtudes" (para homens e mulheres, bem entendido!). Seria necessário conseguir "pensar" na cotidianidade de Maria, em seu ser mulher de carne e osso.

Seria interessante, ainda assim, recuperar a riqueza que Maria recebeu também dos outros, a começar por José, e do próprio Jesus: o amor de tal marido e de tal filho, não me parece que não tenham peso reforçativo em sua vida.

Uma mulher, que tem um homem que a ama assim como José, é uma mulher afortunada. Um homem que ama além de toda aparência, com amor imenso e profundo: essa já é uma experiência humana de enorme valor. Nas reflexões predominantes, o amor dos cônjuges, casto, que nada tira da profundidade do amor, é considerado um tema secundário em relação à insistência colocada sobre o fato de que José era guarda de Jesus e em relação à castidade em si, silenciando-se, ao contrário, quanto ao grande amor entre os dois cônjuges. Uma mulher muito amada, que tanto amor deu de si com seu sim ao anjo, mas que foi também muito amada.

Há, porém, em suas experiências, também outros aspectos de valor. Assim, sua visita a Elisabete pode ser recolocada em um contexto mais significativo de vida comum, um contexto em que as mulheres comunicam entre si suas experiências: a outra esperava um filho, tal qual ela... é um gesto cheio de desvelo, mas é também uma solicitude feita de pequeninas coisas, de confidências, da necessidade de comunicar-se, de contar coisas, em um contexto de diálogo, que para as mulheres são relevantes e determinam uma espécie de cumplicidade. Hoje, esse costume entre as mulheres está quase desaparecendo, ao passo que antes era mais comum, sobretudo no campo, e havia até ambientes à parte, onde eram admitidas somente as mulheres. É aquela espécie de cumplicidade entre mulheres que faz Maria ir correndo falar com Elisabete: também ali deve ter sido um momento de festa, de alegria, de sorriso.

Se nisso aplicarmos a mente, iremos compreender que o sorriso é um aspecto importante da vida de Maria, porque faz parte de seu cotidiano, mais do que algo que só ocorre em um momento específico. Há uma dimensão educativa em meditar sobre a cotidianidade de Jesus; porém, apraz-me pensar em Maria como uma mulher que canta, que vive as situações da normalidade, entre as quais foram colocadas as lágrimas da Nossa Senhora das Dores, mas também os momentos de sorriso e alegria.

Temos de aprender ainda o sentido da mensagem do "Alegra-te...", que para nós permanece um pouco obscurecida. Esse sentido de festa não faz parte sequer da dimensão religiosa e litúrgica.

Tenho a impressão de que entramos em uma estação da história, inclusive cotidiana, em que prevalece a atitude do lamento, do momento crítico, motivo pelo qual não podemos dar ouvidos senão à profecia da dor, uma vez que não estamos dispostos a crer que existam também motivos para nos alegrarmos. Conseqüentemente, encontramos dificuldade em assimilar algo de sentido contrário em uma experiência como a de Maria, porque creio que pese também esse nosso contexto cultural histórico. As civilizações antigas, como a do tempo de Maria, possuem em si muito mais vivo o momento da festa, e não somente o da dor, pelo qual tinham manifestações muito fortes — a dor tinha um peso que consistia no desespero pessoal exteriorizado e social —; possuíam, portanto, o senso da jocosidade. Nós não conseguimos apreender em plenitude nenhuma das duas implicações. Mesmo quando queremos refletir sobre a dor de Maria, na realidade não conseguimos coligar-nos com a intensidade de dor naquela dimensão social que ela possuía então; se isso vale para a dor, imaginemos para o momento da festa, que tem para nós, principalmente sob o perfil de valor, uma dimensão social muito remota, não obstante algumas manifestações e ritualidade coletiva impostas pelos meios de comunicação.

No Ocidente, principalmente, a dimensão religiosa deve ser sempre muito controlada nas emoções, nos sentimentos e nas modalidades de exteriorização, também no que concerne à alegria e à festa. Na vida litúrgica, imaginar o momento da alegria torna-se sempre mais difícil; para fazê-lo, devemos uni-lo imediatamente a uma festa que a sociedade afirma ser relevante em seu aspecto comercial, e então conseguimos compreendê-lo: o Natal sem o "natal consumista" encontraria dificuldade em ser comemorado até mesmo em nossas paróquias.

Nossa sociedade perdeu a dimensão "coral" da festa. Talvez o modo com que demonstramos a festa e a simbologia da festa pertença à dimensão do consumo e devamos nos interrogar sobre isso e, ao mesmo tempo, de certo modo reconciliar-nos, no sentido de que há modalidades de comunicação social que são aquelas, e não outras, e em certos aspectos são aceitas. A festa é cada vez mais "privada", da "minha circunscrição", salvo, além disso, assistir a festas coletivas ou a megacelebrações nas quais, todavia, a pessoa se dispersa e contrai-se em uma espécie de ritual global. Em suma, não há espaço para a alegria ou a dor da pessoa; o que existe é um sentimento coletivo de alegria ou de raiva, que não é errado em si, mas que deve encontrar uma canalização de caráter pessoal, pois de outro modo não se "liga" com o indivíduo e, afinal, nem sequer com a comunidade e com a sua memória.

Existem hoje, além disso, dados sociais e sociológicos que tornam um pouco difícil aproximar-se de alguns momentos da vida cotidiana de Maria, de José e de Jesus, o que deve ser levado em consideração. Se no passado era fácil explicar a vida do artesão ou do camponês, isso se tornou hoje mais difícil, devido ao contexto sociológico vigente.

O fato de haver deixado prevaricar o aspecto devocionista na relação com a Madona faz com que as mulheres, hoje, tenham dificuldade em comparar-se com ela como modelo de crente, porém principalmente os homens, que, sem dúvida, não estão habituados a pensar nem a comparar-se com esse tipo de figura de mulher.

Nos dias de hoje, uma postura simplesmente devocionista não justifica um conhecimento de Maria ou uma relação com Maria, mas é preciso dizer também que, relativamente a um grande número de gerações, o aspecto devocionista constitui, ainda hoje, a principal aproximação. De um lado, torna-se cada vez mais difícil, junto às novas gerações, falar de uma aproximação apenas com base no que nós chamamos "a antiga devoção" e, de outro lado, aqueles que hoje mantêm relação com Maria fazem-no mediante as formas tradicionais da devoção. Estas, porém, e parece uma contradição, têm o efeito de transmitir emoções profundas aos mais jovens, provavelmente porque se trata de uma modalidade de aproximação com a fé que evoca momentos de alegria, passados serenos, onde estavam todos juntos e a família era compacta. Ninguém teorizaria mais a devoção hoje, mas está fora de dúvida que é florescente; basta percorrer os santuários e ver a espécie de relação muito viva que há neles, e em todas as gerações, não apenas nas mais velhas. Existe, porém, uma fratura, uma espécie de incongruência, porque é impossível propor hoje uma relação desse tipo e dever-se-ia, antes, introduzir um elemento de maior consciência e maturidade de atitudes.

Seguramente, a figura de Maria pertence também aos valores da infância espiritual. Se um elemento continua sólido na percepção coletiva sobre Maria é o da socorredora, sempre presente, que está perto dos homens, que os ama. Esse é o aspecto mais indestrutível que existe na comunicação da figura de Maria. Ela é, com certeza, uma Madona sorridente, por exemplo: para mim, que estou doente, a Madona está perto de mim e me sorri em sua proximidade humana, física; pode até não realizar o milagre, mas está ali, sustendo-me com o sorriso da mãe que sustém seu menino, porque naquele momento nos sentimos muito frágeis e muito crianças.

Então, temos necessidade do sorriso de Maria.

Essa necessidade do seu sorriso, da maternidade de Maria, que, além disso, nos impele a procurá-la, nos reconduz à infância espiritual que, seja como for, temos dentro de nós e procuramos encobrir de várias maneiras, mas que torna a emergir nos momentos da fraqueza — quando descobrimos ser crianças —, e instintivamente recorremos a Maria por sua presença tranqüilizante e socorredora. Observando de outro ângulo, em muitas das aparições, Maria ou sorri ou chora sobre os destinos do mundo, e é singularíssimo o fato de que nessas manifestações exprime sentimentos humanos.

Esta é simplesmente a releitura popular — Maria nunca aparece aos grandes teólogos — para dizer que a Madona sofre ou está feliz com os filhos? Ou é justamente a maneira normal como a Madona se manifesta? Pergunta sem resposta. Por outro lado, toda a literatura teológica sobre Maria prescinde dessas visões, mesmo as reconhecidas pela Igreja, e não consegue apoiar-se sobre elas para integrá-las em sua pesquisa. Seria talvez necessário interrogar-se sobre por que o mundo antigo teve a necessidade dos Evangelhos apócrifos da infância de Jesus, isto é, de reconduzir a uma maior cotidianidade e normalidade os grandes eventos da história da salvação e, portanto, de descobrir a cotidianidade de Maria, antes e mais que os ditados teológicos. O sorriso de Maria é, e continua sendo, um aspecto determinante, próprio da vida de todos os dias e da simples cotidianidade.

O feminino
Colóquio com Paola Bassani

Mulher, senhora, mãe e psicoterapeuta, Paola Bassani traz sua reflexão sobre o específico feminino de Maria para entrever, além das aparências narrativas, como o ser mulher exerce um papel significativo, que não deve ser subestimado no desenrolar-se de todo o evento histórico de Maria, e como Jesus quis indicar tal valor a seus discípulos. Uma aproximação que deixa a teologia em contraluz, para indagar a realidade pessoal e simbólica da mulher.

Maria, figura simbólica a ser recuperada em seu valor, inclusive histórico, mas mesmo assim sempre simbólico, em que termos pode ser tida como semelhante a nós? Estranhamente, temos dificuldade em aceitar alguns aspectos seus, porque quase não ousamos criticar algumas de suas escolhas, das quais tomamos distância, como a virgindade, para depois procurá-la no tempo da dor, para trazê-la para perto de nossa experiência, esquecendo seu percurso de vida histórica. Um percurso tortuoso que nos impede uma relação mais verdadeira e direta?

Como primeiro elemento, nunca pensei em Maria como consoladora ou protetora. A imagem de Maria faz soarem em mim as cordas da serenidade, de uma mulher capaz de aceitação total de tal maneira que lhe vem o sorriso da serenidade, que não é alegria, é o repouso, a pacificação. A mim, vem o sorriso sereno. Maria é uma mãe que soube estar em seu lugar, desapegou-se; não era uma mãe que estava nos calcanhares do filho. De certo ponto de vista, ela não existe, existe seu olhar sobre o filho; ela, porém, está em seu lugar serenamente, e isso para mim é de extrema importância e é o que todas nós, mães, devemos fazer. Respeitar o destino e a história dos filhos: ela acreditou no filho, mesmo quando o viu em dificuldades.

Ela está sempre em segundo plano, mas as mães, quando estão em segundo plano, muitas vezes não se mostram sorridentes! Não é fácil situar-se em segundo plano com relação à vida do filho e estar contente.

Por que Maria é cheia de alegria? Porque se sentiu salva. Se quisermos compreender o que há de belo por trás e que pode ter a ver com nossa experiência humana, é preciso tentar ler o humano dessa história.

Creio que exista também hoje em todo ser humano o desejo de ser salvo por uma palavra que nos faz viver de um outro modo: o homem e a mulher que se sentem náufragos neste mundo procuram agarrar-se a qualquer madeira. A palavra desconcertante de Jesus diz que você foi salvo primeiro, no sentido de que existe um Pai que o criou e não é você que tem de salvar-se por si, porque ele o salvou primeiro. Você já está salvo, não se dê ao trabalho de oprimir os outros para que você seja salvo, porque os outros já estão salvos, como você: não tenha medo e não creia que vá acabar como náufrago, pois você não é um náufrago disperso, porque existe um Pai que o ama muito. Creio que seja essa a experiência também de Maria, principalmente naquele tempo, quando, imagino, as mulheres não se sentiam certamente muito amadas.

Temos em Maria a história de uma mulher que teve uma experiência tão divina, tão livre, de tanto amor, que só de uma experiência dessa natureza podia nascer o Filho de Deus, um filho tão perfeito.

Trata-se realmente de uma aproximação direta, que vai ao centro dos problemas e permite imprimir uma cor diferente a tantas narrativas fantasiosas ou demasiado etéreas. Todavia, é possível atingir, por esse caminho, o ponto de origem da alegria em uma vida que conheceu também muitas lutas, contradições e dores?

A alegria de Maria brota precisamente daquele seu "Sim" total, sem medo, que ela pronuncia na anunciação. É um sim total à vida, sem qualquer controle ou poder sobre ela, pois Maria não controla mais nada: não coube a ela decidir quem, nem quando, nem como, daquela nova vida. Uma dimensão de confiança e aceitação do amor sem armadilhas. E ela se abre àquele anúncio de alegria que lhe é formulado. Sua alegria e seu sorriso nascem da descoberta disto: ela que se imaginava náufraga descobre ser totalmente amada, prescindindo dos projetos, das míseras coisas do mundo, lançada de todo em um projeto que ela não administra.

Fica grávida quando ainda não vivia com o marido — o fato, então, era incômodo! — e lhe foi dito que se alegrasse; creio que ela tenha dado o salto de confiança total no amor, sem cálculos. Entregou-se confiantemente ao amor; abriu-se completamente à vida, indo de encontro ao que esse gesto podia comportar. Também a José foi pedido que fosse além: o amor deve ir além dos condicionamentos e das normas que o contexto social impõe. José efetua o salto maravilhoso de confiança total e renuncia às dimensões do poder sobre Maria. Confiança como renúncia à posse da outra.

Na experiência da maternidade humana, existe algo que hoje muitas mulheres, e também homens, perderam em razão da maior dimensão de controle sobre a própria maternidade, e é a parte do mistério; ainda hoje, porém, quando uma mulher fica grávida ou efetua o salto de abrir-se à dimensão misteriosa que invade a sua existência, ou arrisca contestar a relação com seu filho, querer controlá-lo, querer possuí-lo. Trata-se de uma experiência psicológica que diz respeito a toda mulher, ainda hoje.

No decurso dos séculos, a idealização de Maria acabou por torná-la um modelo estereotipado do feminino, tão exaltado quanto isolado, em demonstração de um trabalho árduo ou também de uma incapacidade pessoal e social de integrar o feminino na própria vida. E é precisamente aqui que, a meu ver, cada um de nós pode entrar em cena e deixar-se instar pela pessoa de Maria, buscando-a dentro de si mais do que em uma improvável biografia sua, partindo daqueles poucos fragmentos da vida cotidiana que os Evangelhos nos deixaram.

Poderíamos dizer que o melhor conhecimento de Maria favorece também um aprofundamento da dimensão feminina que existe em nós, quer sejamos mulheres, quer homens?

As informações que temos acerca de sua história são reduzidíssimas, tanto que até mesmo os grandes estudiosos admitem não poder fazer outra coisa senão delinear algumas características, como a ternura, a misericórdia, a pureza, a obediência, a doçura, a confiança etc., declinadas segundo as circunstâncias nas categorias de virgem, mãe, mulher de fé. Não há dúvida de que o feminino de Maria tenha representado, e represente, de um ponto de vista psicossocial, um grande apelo para as forças da psique; sua figura salvaguardou a importância do feminino, oferecendo uma fácil irrupção para as forças do sentimento e do *pathos* [doença], além de um ponto de referência para as necessidades de autonomia e de libertação do feminino. E creio que hoje tenhamos dificuldade em compreender a importância rompente que teve na história do homem a introdução daquele feminino.

Nesse sentido, é significativo o fato de que, nas cartas de Paulo, a mãe de Jesus não apareça nem mesmo uma vez, mas haja aquela alusão na Epístola aos Gálatas: "Mas ao chegar a plenitude dos tempos Deus enviou o seu Filho, *nascido de mulher* e sujeito à lei" (Gl 4,4), onde ela não é sequer indicada por nome. É óbvio que todos nascem de mulher! Queria salientar uma novidade, mas onde está a novidade? O ser masculino, que habitualmente tem um papel ativo na história, aqui é passivo, sendo a mulher quem ocupa o lugar principal. Deus, o Criador, o Onipotente, não escolhe o macho em sua plenitude viril, em sua eficiência histórica, mas o ser humano humilde, em toda a sua fragilidade natural: a mulher. Todavia, quererá dizer algo! Mas o quê? Arrisco, admito a hipótese, coloco junto: para que o Filho de Deus fosse verdadeiramente homem, não podia senão passar através do universo feminino, do mundo corpóreo feminino.

Que espécie de feminino encarna então Maria? É uma mulher que escuta e, antes de tudo, escuta a si mesma. Há em Maria uma consciência de si e uma dignidade bem distantes da imagem etérea que freqüentemente nos é apresentada. Existe uma mulher que está bem arraigada em seu corpo, sente a si mesma e é transparente em relação ao que experimenta. Existe uma mulher que sabe manter-se com aquilo que experimenta e não foge das dúvidas e dos temores, não se envergonha deles e os expressa com dignidade. Existe uma mulher que, além de tudo, tem a coragem de arriscar, de abandonar-se e entregar-se.

Maria, afinal, sabia que aquele filho era portador de algo importante para o mundo, mas talvez em sua mente pensasse que as coisas teriam acontecido de outro modo. Apesar disso, guardava suas emoções e seus pensamentos, não na mente, mas no coração. Isso significa que não se punha a conjeturar, a procurar compreender com a cabeça, mas acolhia dores, ansiedades e pensamentos no lugar do amor, naquele lugar em que havia feito experiência de confiança e liberdade: quase colocando juntas as peças de um mosaico, com paciência e pasmo. Maria sabe demorar-se com suas vivências, guarda-as e as elabora. Nessa perspectiva, os silêncios de Maria não devem ser lidos como passividade e renúncia, mas como capacidade de estar com e elaborar o mundo emotivo, deixando tempo e espaço para o filho.

Mas nem sempre o consegue. E Marcos nos conta da dificuldade de Maria e de sua parentela para aceitar Jesus: "Ele perdeu o juízo" (Mc 3,21), diziam. Sua família devia sentir-se um tanto embaraçada todas as vezes que este falava à multidão e Maria provavelmente se preocupava por ele, mas, acima de tudo, não entendia. Vieram para prendê-lo; quem sabe, talvez a própria Maria quisesse protegê-lo de si mesmo. Talvez estivesse também ela um pouco cega, em alguns momentos não via, estava submersa no mundo das relações sociais.

Mesmo sob a cruz, Maria não está sozinha na dor, mas a compartilha, do mesmo modo que compartilhou a alegria, com as outras mulheres. Ainda uma vez, porém aqui no momento de dor e sofrimento, Jesus se dirige a ela chamando-a "mulher", faz um apelo à sua feminilidade, conta com aquela e não com a dimensão materna de Maria. Não lhe diz: "Mamãe, agora que está sozinha, vá morar com João", não. Dirige-se diretamente à sua feminilidade, àquela dimensão visceral, profunda, forte e sensível, capaz de ir além dos vínculos de parentesco, que ele bem conhecia. E apresenta-lhe um novo filho. A seguir, dirige-se a João, por quem tinha especial consideração, e apresenta Maria como "mãe". Faz com que se encontrem na profundidade e "desde aquela hora o discípulo a recebeu em sua casa" (cf. Jo 19,26-27).

Poder-se-ia ler a cena em termos simbólicos: a casa representa a pertença; nos sonhos, representa o indivíduo, sua individualidade. Não posso não ler na convivência de Maria e João um convite a integrar o masculino e o feminino. É como se Jesus quisesse que o discípulo se familiarizasse com aquele feminino. Parece-me indicar um percurso para todos nós, isso é, que o filho e a mãe possam habitar na casa interna de cada um de nós, porque é isto que nos torna discípulos: o caminho da integração interna entre masculino e feminino.

Conclusão

Suponho que signos ulteriores tenham sido postos em nosso mosaico e nos forneçam outros elementos de leitura e compreensão.

Em primeiro lugar, na relação entre Maria e o filho, cuja aliança parece mais complexa e envolvente do que, demasiado facilmente, é entendida na mais propagada devoção, sempre carregada da jovialidade de quem tem confiança na edificação da casa do Pai.

Além disso, parece-me que o elemento "casa" permite estabelecer o sentido da relação entre Maria e os outros — familiares, parentes, discípulos e todos nós, hoje — à luz da solidariedade. Maria está ao nosso lado em sua completa, e complexa, dimensão materna, mas também de mulher solidária, de irmã, de companheira de vida, pronta a vir nos apanhar para nos reconduzir para casa — como fez com o filho — nos momentos de dificuldades, mas também para co-participar da nossa alegria, garantindo sua continuidade. O silêncio sobre os anos de vida que precederam o ministério público de Jesus está a nos indicar não tanto uma espécie de expectativa silente quanto de normalidade de vida, nas relações familiares e nas relações mais externas: Maria, como todas as pessoas do seu tempo, circulava, encontrava-se com os outros, ia ao poço e ao mercado, interessava-se também pelo que acontecia com os outros. Se assim não tivesse sido, não se teria apressado a ir até a prima Elisabete durante seu tempo de gravidez, nem de "prover" o vinho para os comensais de Caná: são gestos para ela habituais, e que transmitiu também ao filho. Ela constrói relações, talvez tenha sido para muitos "mais que uma mãe, como uma irmã", pelas confidências que lhe faziam e que ela acolhia. Maria não era uma pessoa fechada dentro de si e dentro da sua casa, não podia sê-lo, de outro modo não teria tampouco compreendido os três anos de vida pública de Jesus, assim como os precedentes, durante os quais certamente ele não estava escondido, mas ficava com as pessoas, estava em relação com seu mundo. É a alegria das relações não só com o filho mas também com as pessoas da cotidianidade. Maria não procura o isolamento nem mesmo no momento da tragédia sob a cruz: está com as outras mulheres, está com o discípulo amado, pelo qual é acolhida como mãe, renovando sua aceitação de maternidade universal.

Definitivamente, buscando o sorriso de Maria, se lhe descobre a riqueza humana e a profundidade de seu papel no desígnio divino da salvação; mais próxima e mais semelhante a nós e, simultaneamente, maior em seu ser, além da nossa história. O sorriso torna-se sinal de maturidade, de capacidade de ver a vida além do isolado momento de dor; e a alegria das relações é para se discernir nas páginas não ditas do Evangelho que podem nos deixar intuir as relações infinitas que a Madona teve; porque não podem desabrochar capacidades de relações profundas senão a partir das relações mais comuns.

Proponho, a seguir, para continuar nossa reflexão, um texto muito sugestivo de dois autores do século XX, protestantes, parisienses, André e Francine Dumas.

Maria, nossa irmã[4]

Maria, nossa irmã menor, "a menina", e também por isto nossa irmã maior em nossa humanidade.

Maria, o semblante da simplicidade tantas vezes deformado e excessivamente disfarçado, que é sem dúvida uma única e mesma operação.

Maria, a "bem-aventurada", cujo olhar escoltou o anjo e cuja voz cantou para nós o *Magnificat*.

Maria de Nazaré, agraciada e graciosa, cuja fé é coragem e maravilha.

Uma história, o centro da sua história, que nos fala do Deus do céu nela encarnado.

Maria, que soube falar de si mesma melhor que qualquer outro.

Maria, melhor que nossa mãe: para sempre, Maria nossa irmã.

---

4. A. DUMAS – F. DUMAS, *Maria di Nazareth*, in COMUNITÀ DI BOSE (org.), *Maria. Testi teologici e spirituali dal I al XX secolo*, op. cit., p. 875.

5

As grandes discordâncias sobre Maria

Confissões cristãs em confronto

Há dois mil anos nascia, no seio do povo que Deus escolheu para si, uma filha de Israel, de nome Myriam ou Mariam, que nós chamamos "a virgem Maria". Essa mulher não era outra senão uma de nós. Mas, vinte séculos depois e para sempre, ela ficará sendo aquela que soube dizer sim a Deus. [...] A palavra de Maria, "Eu sou a serva do Senhor. Aconteça-me segundo a tua palavra", pode ser considerada um compêndio de toda a história de Israel: ela evoca a atitude da comunidade judaica que recebe, na castidade, aos pés do Sinai, a palavra de Deus. Mas, se nos reportarmos ainda mais atrás, ousaremos dizer além: o *fiat* de Maria atinge o mesmo abalo do mundo no momento da criação. Assim, viram os Padres da Igreja, em Maria, a nova Eva, a verdadeira Eva[1].

E, assim como é deixado um lugar à mesa para o profeta Elias na ceia pascal hebraica, assim se deveria pensar também em um lugar para Maria à mesa pascal cristã. Todavia, os cristãos não estão de acordo no modo de considerar Maria, nem os une a devoção à mãe de Jesus.

Neste ponto do percurso, surge, portanto, uma pergunta que não pode ficar desatendida. Após haver interpelado pessoas pertencentes ao âmbito católico, não posso não voltar o olhar além, para o restante da cristandade e — por que não? — para as outras religiões monoteístas: o que nos dizem de Maria? Transmitem-nos um sorriso ou também eles procuram sua face no mistério? Como se responde na cristandade à grande mensagem de Maria de entregar-se a Deus e viver a alegria?

Os primeiros passos desse percurso são desde logo acidentados, porque é difícil encontrar elementos que se correspondam no mesmo comprimento da onda, como se costuma dizer. Com efeito, em primeiro lugar, descubro imagens diversas e outras tantas linguagens: contempla-se Maria com olhos e expectativas diferentes, de conformidade com a Igreja e com a cultura de pertença. O que não quer dizer que nossa aproximação seja melhor ou pior, sucedendo apenas que se parte de pontos de vista antropológicos e teológicos diversos; mas pode-se muito bem convergir com os outros para um mesmo horizonte e, juntamente, enriquecer-se com o contributo das tradições dos outros. A meta que percebo ser tomada a peito por todos quantos, com perseverança, crêem e trabalham pela unidade dos cristãos é que chegue o dia em que verdadeiramente todas as gerações possam chamar bem-aventurada a mãe de Jesus.

Sem dúvida, não pretendo me adentrar nas grandes questões teológicas e doutrinais inerentes a Maria e à complexa questão mariana,

1. B. Dupuy, *Maria, figlia di Israele*, in Comunità Di Bose (org.), *Maria. Testi teologici e spirituali dal I al XX secolo*, op. cit., p. 1098.

mas apenas assinalar alguns elementos de reflexão que colhi aqui e acolá, percorrendo as páginas dos livros, entrevistando idealmente quem escreveu a respeito; oferecer dicas que me guiaram a ulteriores considerações e sobre as quais me detive para entender melhor e para buscar respostas. A partir justamente do que Thomas Merton escreveu:

> Tudo aquilo que foi escrito em torno da virgem Mãe de Deus me prova que a sua é a mais escondida das santidades. O que as pessoas encontram para dizer dela geralmente nos fala mais das próprias pessoas do que da Madona. De fato, dela Deus nos revelou bem pouco, e os homens, que não sabem quem e o que foi ela, revelam somente a si mesmos quando procuram acrescentar algo ao que Deus disse dela. E o que dela sabemos não faz outra coisa senão tornar mais escondido o verdadeiro caráter e o tipo da sua santidade[2].

Sinto-me bem justificada se me contento com pequenos fragmentos de pensamento.

Maria, vítima das nossas divisões

> Maria nunca advertiu o problema de romper com o judaísmo ou com algum de seus aspectos autênticos. Houve judeus, os quais sem dúvida infringiram e despedaçaram algo de seu coração, mas ela nunca levou em consideração ser estranhada por seu povo. Ao mesmo tempo, ela desposou a novidade do evangelho, isto é, a novidade do Espírito, o qual é verdadeiramente seu esposo, e é o próprio Espírito que, qual filha de Sião, a havia conduzido até a soleira da anunciação. Maria passou do Antigo para o Novo Testamento sem ruptura alguma[3].

2. T. MERTON, *Nuovi semi di contemplazione*, in COMUNITÀ DI BOSE (org.), *Maria. Testi teologici e spirituali dal I al XX secolo*, op. cit., p. 1077.

3. R. DE GASPERI, *Maria di Nazaret, icona di Israele e della Chiesa*, in COMUNITÀ DI BOSE (org.), *Maria. Testi teologici e spirituali dal I al XX secolo*, op. cit., p. 1125.

As rupturas, todavia, produziram-se sucessivamente, entre seus filhos, ao longo dos séculos.

Muito embora Maria, nas confissões de fé cristãs, não seja diferente de Maria tal como está presente na Escritura, precisamente sobre ela foram geradas as grandes divisões, ou talvez, melhor dizendo, popularizaram-se muitos fatores de desunião dentro da Igreja, entre protestantes, ortodoxos e católicos: penosamente estamos aprendendo, agora, que não pode haver uma só imagem e nem sequer uma única interpretação do semblante de Maria, mas que a coexistência de mais vozes, mais aproximações, mais expressões litúrgicas, permite entrever a riqueza inabrangível nela encerrada. Mas não é só. Aprendeu-se que é preciso distinguir entre aquilo que a fé exige e aquilo que a devoção permite. Às vezes os dois níveis estão distantes e se consente que a devoção tome o lugar da fé, quando não esconder de todo o que esta nos diz; desse modo, tendências culturais, emotividades e fantasias tomam o lugar da verdade. E, de Maria, representamos para nós os semblantes mais improváveis. Poderíamos dizer que Maria é vítima das nossas contradições e lacerações. Mas estas permanecem e, com certeza, não contribuem para a serenidade do semblante de Maria.

> Quando, com Paulo, nos perguntamos: "Poderia Cristo ser dividido?", não devemos talvez admitir que, no quanto concerne à Virgem Maria, estamos ainda mais lacerados? [...] Por que, se a Virgem Maria é uma nota necessária na sinfonia da salvação, essa nota não estabelece imediatamente a harmonia entre nós?

Inquietantes perguntas que se fazem, e nos fazem, Alain Blanchy e Maurice Jourjon, co-presidentes do Grupo de Dombes[4], na apresentação

4. O Grupo de Dombes é ativo há mais de sessenta anos e reúne uma quarentena de teólogos católicos e protestantes de língua francesa com o escopo de buscar, por meio de estudos temáticos, a comunhão entre as Igrejas. Produziu estudos importantes sobre assuntos cruciais para o diálogo ecumênico, como a eucaristia, os ministérios, a conversão das Igrejas.

do documento que pretende situar a Virgem no mistério da salvação[5]. Se, de fato, estivermos todos concordes em pensar na presença de Maria como indispensável no plano salvífico, por que, apesar disso, pensamos em administrá-la a nosso modo, ou prescindir dela de todo, reduzindo-a a muda protagonista ou a "instrumento" sempre pronto a satisfazer nossos pedidos de intervenção?

E é talvez a partir do anúncio do anjo e do seu convite à alegria que hoje podem abrir-se novos caminhos de encontro e de unidade na fé, porque constituem um ponto certamente comum a todas as tradições.

> Na longa história do habitar de Deus em meio a seu povo, história que conheceu como momentos culminantes o "sacramento" da arca da aliança e o Templo de Jerusalém, eis finalmente demonstrar-se que o lugar mais digno da presença de Deus entre os homens é o corpo humano. Antes, o corpo materno, o corpo de uma mulher que se faz casa e alimento de uma outra vida humana[6].

Maria, arca da aliança, poderia chamar para a mesma casa todos os crentes em Cristo, porém Maria é também a terra que acolheu a Palavra, a terra oferecida e predisposta à obra de Deus, como diz o Salmo 67: "A terra deu sua colheita: Deus, nosso Deus, nos abençoa" (67 [66],8).

Todos os fiéis cristãos se reportam a Irineu, o primeiro Padre da Igreja do século II, que deu atenção à presença de Maria na pregação dos apóstolos. Além disso, a referência dos fiéis está contida nos sete concílios ecumênicos que nos deixaram o grande ensinamento segundo o qual encontrar Maria significa, de um lado, professar a fé no Senhor

---

5. "O nosso escopo é o de suscitar outros trabalhos e de participar na evolução das nossas Igrejas para uma atitude pacificada. De fato, é grave que uma das controvérsias principais entre os cristãos tenha sobrevindo a propósito da mãe do seu Salvador" (GRUPO DE DOMBES, *Maria nel disegno di Dio e nella comunione dei santi*. Magnani, 1998, p. 24).

6. E. BIANCHI, *Maria, terra del cielo*, in COMUNITÀ DI BOSE (org.), *Maria. Testi teologici e spirituali dal I al XX secolo*, op. cit., p. XLIV.

Jesus e, de outro, acolher a plena verdade da encarnação, paixão, morte e ressurreição de Jesus. Com efeito, desde as origens, a teologia mariana manteve Cristo no centro: um olhar dirigido a Cristo nos mostra, por si só, Maria sua mãe, e falar de Maria implica falar de Cristo. Com o transcorrer dos séculos, a orante Maria de Nazaré tornou-se, no Oriente e no Ocidente, aquela a quem os fiéis podem dirigir suas súplicas. Aquela que creu tornou-se aquela que é crida.

Sobre os lábios de homens e mulheres de vários séculos, o nome de Maria significou a forma de fé considerada como mais próxima. Muitas vezes, porém, a história da piedade foi marcada por um acentuado afastamento da fonte bíblica; em outras ocasiões representou uma verdadeira hermenêutica, o que não exclui sua necessidade, hoje, de uma total reconsideração no plano pastoral.

> O culto mariano fica exposto às derivas do devocionismo ou de uma religiosidade escassamente evangelizada, caso se venha a prescindir, na relação entre Maria e Jesus, da centralidade da cruz e do mistério pascal. Na piedade popular, observando bem, a figura de Maria é prevalente e quase exclusivamente reconduzida à sua divina maternidade e ao mistério da encarnação. Entretanto, a consideração desse mistério, se separado do pascal, poderia fundar e sustentar um cristianismo que, em resposta à necessidade religiosa difundida, corre o risco de configurar-se como religião natural e civil[7].

Linhas de divergência

À piedade mariana do período da baixa Idade Média, foram-se sobrepondo excessos de devoção, aos quais os reformadores reagiram

7. G. Bottoni, *Per la conversione delle Chiese*, in Maria nel cristianesimo, *Ambrosius*, 2-3/99, p. 206.

e rejeitaram o abuso de "sacralidade" aplicada com relação a Maria[8]; em polêmica com os católicos, a Reforma de Martinho Lutero buscou aproximações mais fiéis à Escritura. Lutero continuou com a sua devoção a Maria, vinculando-a, porém, à dimensão da graça e da fé: efetivamente, Maria é encontrada na Escritura e é arquétipo do encontro que se realiza entre Deus e o ser humano.

No famoso *Commento al Magnificat* (Comentário ao *Magnificat*), de 1520-1521, Lutero afirma que a grandeza de Maria está exatamente em sua humildade, em sua plena confiança em Deus. Porque soube aperceber-se do olhar de Deus sobre a humanidade e acolher sua presença, Maria celebrou a grandeza de Deus e por isso é bem-aventurada. "Ela não quer que você vá até ela, mas que, por meio dela, vá até Deus", diz-nos Lutero. "Maria não quer ser um ídolo; não dá nada, porque quem dá é somente Deus".

> Em seu comentário, Lutero nos ensina coisas muito sublimes e religiosamente profundas. Não se descuide, porém, do tom e do acento particular quando diz: Maria, segundo ele, é pura passividade diante de Deus, não possui nenhuma consistência que seja propriamente sua. Não é ela, como criatura, que conta algo aos olhos de Deus e aos nossos olhos, mas sim Deus, e somente Deus, quem olha para ela, ao absorver todo o campo das nossas considerações e orações[9].

---

8. Não faltaram nem mesmo em âmbito católico expressões de dissensão e de moderação acerca das formas de celebração e devoção marianas; todavia, sentiu-se sempre mais a diversidade entre documentos magisteriais e teológicos e a práxis dos fiéis. Igualmente, em tempos de Contra-reforma, por exemplo, o religioso Louis-Marie Grignion de Montfort, em 1716, afirmava: "Confesso com toda a Igreja que Maria, não sendo senão uma simples criatura saída das mãos do Altíssimo, comparada à sua majestade infinita, é menos que um átimo, ou melhor, não é absolutamente nada, porque somente ele "é aquele que é", e que, conseqüentemente, este grande Senhor, sempre independente e suficiente a si mesmo, não teve e não tem agora, absolutamente, necessidade da Santíssima Virgem, para o cumprimento das suas vontades e para a manifestação da sua glória" (L. M. DE MONTFORT, *Opere*, v. I, *Scritti spirituali*, Roma, 1990, p. 361).

9. F. BUZZI, *Maria nella Riforma e nel cattolicesimo lungo la storia*, in Maria nel cristianesimo, *Ambrosius*, 2-3/99, p. 129.

Giorgio Tourn, teólogo protestante, discípulo de Barth e de Cullmann, assim nos define a relação com Maria:

> Maria, singular e surpreendente em sua fé, não é senão a imagem de todos os crentes que, acolhendo o Espírito, avançaram no caminho do Senhor. Ali está para nos recordar que aquilo que aconteceu a ela acontece também a nós. Singular, estupefaciente, fascinante não é só Maria, mas também o é a vida de todo crente que, do mesmo modo que ela, aceita carregar em si o mistério da obra de Deus[10].

Assim sendo, tudo quanto se pode dizer de Maria é somente o que temos nas Escrituras, e é por isso que, de modo particular, os dois dogmas da Imaculada Conceição e da Assunção afastaram posteriormente as posições entre católicos e reformados e tornaram mais difíceis as relações entre as Igrejas, dado que as Igrejas da Reforma julgaram tais dogmas desprovidos de qualquer fundamento bíblico.

Entretanto, com o passar do tempo e uma maior aproximação ecumênica, também na casa protestante a sensibilidade mudou e há quem busca recuperar uma presença de Maria mais próxima aos fiéis, o que é possível constatar pelo que escreve Basilea Schlink, promotora de uma comunidade religiosa de fé protestante em Darmstadt, na Alemanha:

> Um riso de alegria eterna: eis a sua porção de herança; uma festa, junto com Jesus, de realeza, de vitória, de salvação para Israel e para todos os povos da Terra; um hino de louvor e de glória a Deus que, através de caminhos de profunda dor, leva a cumprimento todas as suas promessas. [...] Somente quem sabe fazer silêncio diante da santidade de Deus; quem, diante de um evento sagrado, chega a tirar seus sapatos porque também aquele solo é sagrado, como Josué ao aparecimento

10. G. TOURN, *La Maria dei Vangeli*, in COMUNITÀ DI BOSE (org.), *Maria. Testi teologici e spirituali dal I al XX secolo*, op. cit., p. 866.

do mensageiro celeste, poderá entrever algo do mistério de Maria. [...] Mas o racionalismo [...], ao propagar-se, varreu para fora das Igrejas evangélicas as festas de Maria e tudo quanto a elas se refere, e fez perder o sentido de toda referência bíblica a Maria: e desta herança sofremos ainda hoje[11].

E o citado Grupo de Dombes convida os protestantes,

independentemente de toda possível deriva do culto mariano, a sair de sua prudente reserva e a restituir a Maria seu verdadeiro lugar na inteligência da fé e na oração da Igreja[12].

Persiste, de qualquer maneira, a resistência protestante a um uso da simbologia aplicada a Maria que a afasta da sua natureza humana, conduzindo-a exageradamente na forma da divindade[13]. E, de fato, pouquíssimas são as menções e as orações a Maria na liturgia protestante, em razão do fato de que sujeito da graça é somente Deus,

---

11. B. Schlink, *Maria: la via della madre del Signore*, in Comunità Di Bose (org.), *Maria. Testi teologici e spirituali dal I al XX secolo*, op. cit., p. 849.

12. Gruppo Di Domes, *Maria nel disegno di Dio e nella comunione dei santi*, op. cit., p. 159.

13. O Concílio Vaticano II, na *Lumen gentium*, cap. VIII, n. 60, diz: "A função maternal de Maria para com os homens de nenhum modo obscurece ou diminui esta mediação única de Cristo, antes mostra qual é sua eficácia. Na verdade, todo o influxo salutar da Santíssima Virgem em favor dos homens não é imposto por nenhuma necessidade intrínseca, mas sim por livre escolha de Deus, e dimana da superabundância dos méritos de Cristo, funda-se na sua mediação, dela depende absolutamente e dela tira toda a sua eficácia; e, longe de impedir, fomenta ainda mais o contato imediato dos fiéis com Cristo". Por outro lado, também a teologia católica se move nessa linha. René Laurentin escreve: "Tolher à Virgem de Nazaré a obscura condição da fé, para elevá-la à visão beatífica desde o tempo de sua vida terrena, significa falsificar o sentido do seu destino e, de certo modo, diminuí-la, mesmo com a intenção de engrandecê-la. A mesma coisa se deve dizer da teoria que lhe atribui uma graça especificamente distinta da que possuem outros membros da Igreja" (R. Laurentin, *La Madonna. Questioni di teologia*, in Comunità Di Bose (org.), *Maria. Testi teologici e spirituali dal I al XX secolo*, op. cit., p. 1084.

> ao passo que a parte humana [Maria] é colocada na posição da fé, que não tem necessidade de fazer valerem seus méritos ou de exaltar a própria obediência, mas é lugar e ocasião em que se realiza o anúncio da palavra de Deus que se faz carne. Somente neste sentido, Maria é "tipo da Igreja". Na Igreja, continua a acontecer o milagre da Palavra anunciada e crida[14].

O mesmo documento das Igrejas evangélicas na Itália afirma que, "se o culto de Maria nos divide, a figura bíblica nos une", pois "Maria, com a sua maternidade, participa no desenrolar-se do plano de salvação de Deus em Cristo", porém,

> à exaltação da Virgem Maria, que se fortaleceu no curso dos séculos, confrontou-se uma progressiva marginalização das mulheres em relação à direção da Igreja e ao exercício dos ministérios.

A atenção deve, portanto, voltar-se para o modo como se vive a relação pessoal e eclesial com Maria.

> A questão última que requer ser esclarecida [para os protestantes, *n.d.a.*] é a que diz respeito à natureza da cooperação de Maria na salvação dos seres humanos, e a da instrumentalidade da Igreja. As Igrejas saídas da Reforma do século XVI exigirão que isto seja sempre precisado: Maria e a Igreja estão do lado dos seres humanos diante de Deus e da sua Palavra, todo ato de Maria e da Igreja deve ser plenamente transparente, em vista da ação principal de Deus em Jesus Cristo, apenas mediador e fonte de salvação. A reaproximação ecumênica sobre Maria não é ilusória, proporcionalmente a outros temas que até dez anos atrás pareciam assinalar de maneira

14. Cf. *Maria nostra sorella*, organizado por FCEI (Federazione Chiese Evangeliche Italiane), Roma, 1988.

definitiva a divisão e que presentemente exprimem uma rica e legítima diversidade[15].

Na tradição ortodoxa, ao invés, tem-se uma visão mais otimista — em relação à protestante — da humanidade; e esta entende poder ver em Cristo a elevada e pura imagem que Deus tem do homem. O homem é o Cristo-homem, e Maria, que é sua mãe, é a criatura reconduzida à sua beleza originária e tal será até seu fim último, que não é a morte, mas a dormição. Maria é, assim, o ícone da origem e da consumação do ser humano; é encontrada na liturgia qual presença eloqüente do que acontece à criação, destinada a tornar-se pura e íntegra no Espírito. Roga-se a ela para que nos conduza a Deus. Ioann de Kronstadt, em meados do século XIX, escreve:

> O mundo é uma casa; o arquiteto e dono desta casa é o Criador, e o Pai dos cristãos que nela habitam é Deus. A mãe nesta casa é a santíssima Mãe do Senhor. [...] Sim, Maria é verdadeiramente a mais terna, a mais dedicada das mães, aquela que conduz a nós, seus filhos, para a santidade[16].

Considerando bem, um pouco a distância, os pontos de convergência entre as Igrejas cristãs sobre Maria pareceriam bem mais conspícuos do que aqueles que justificam sua divisão; definitivamente, católicos, reformados e ortodoxos, têm muito a dar-se reciprocamente, precisamente a partir de seu ponto de maior evidência — para os católicos a maternidade virginal de Maria, para os protestantes a sua atinência às Escrituras, para os ortodoxos a transparência da sua face —; todos juntos deveriam sentir-se comensais da mesma mesa, como foi

---

15. A. BIRMELE, *Maria nella teologia protestante*, in COMUNITÀ DI BOSE (org.), *Maria. Testi teologici e spirituali dal I al XX secolo*, op. cit., p. 873.
16. IOANN DI. KRONSTADT, *La mia vita in Cristo*, in COMUNITÀ DI BOSE (org.), *Maria. Testi teologici e spirituali dal I al XX secolo*, op. cit., p. 1153.

em Caná, e escutar Maria que pede ao filho que garanta o prosseguimento da festa, e aos hóspedes, que "façam o que ele lhes disser".

Também o Islã invoca Maria

Para muitos, pode constituir uma "surpresa", mas também o Islã contempla Maria, e em termos de grande devoção, com expressões de alta simbologia e ternura. Maria é a única mulher a ser nomeada com o próprio nome no Corão, nada menos que 34 vezes, e a ela é dedicado um capítulo inteiro — a *sûra de Maria* — no qual é exaltada em sua pureza, santidade, virgindade perfeita e luminosidade. Diz o Corão:

> E Deus propõe Maria, que se conservou virgem, para exemplo daqueles que crêem, de tal modo que nós insuflamos nela do Nosso Espírito, e que creu nas palavras do seu Senhor, e nos seus Livros e foi uma das mulheres devotas (Corão 66,1-12).

Shahrzad Hushmand, iraniana, teóloga islâmica e estudiosa de teologia cristã, explica:

> Maria foi preservada do pecado, mas não da dor. E a dor maior de Maria, segundo o Corão, é no momento em que está para oferecer Jesus ao mundo, porque ela sabe que o está oferecendo a um mundo que não compreende e que procurará estender sua pecaminosidade aos dois seres — Maria e seu filho — *de per si* imaculados. O sofrimento de Maria naquele momento é enorme, quase insuportável, a ponto de lamentar-se com palavras pesadas: "Oh, antes tivesse morrido; oh, fosse algo esquecido ou desaprendido!". Maria oferece Jesus, o amor de Deus, a um mundo que o perseguirá e o quererá matar. E Maria sabe disso. Mas é precisamente nesse ato de doação que o amor se torna fonte de vida. Eis que em seguida a essa oferta, como nos

> recorda o Corão, a seus próprios pés jorrará uma fonte de água viva, e a árvore já seca e morta, graças a ela, reencontrará a vida e como por milagre se tornará novamente viçosa e dará seus frutos frescos e maduros[17].

Maria, que soube meditar as palavras de Deus, é a personificação mais alta da sabedoria e modelo perfeito a ser seguido por todos os crentes, homens e mulheres, de todos os lugares e de todos os tempos; é a flor especial germinada sob a proteção divina direta. É bem-aventurada, porque devota: cada átimo de sua vida é um canto e um louvor ao Altíssimo.

Maria é a preferida de Deus, purificada e eleita acima de todas as mulheres do universo. Aos nossos olhos, porém, permanece envolta no mistério, porque só Deus a conhece e sabe quem verdadeiramente é.

E Shahrzad Hushmand pergunta-se:

> Maria, modelo comum a ser seguido por cristãos e muçulmanos, mãe do Amor de Deus, tendo escolhido Fátima — lugar de nome da filha predileta e santa do profeta Maomé — para uma aparição especial sua, não estará nos convidando a nos reconhecermos verdadeiros irmãos no único Deus[18]?

Virgem Maria, filha de teu filho[19]

Virgem mãe, filha de teu filho,
humilde e superior a toda criatura,
termo prefixado dos desígnios eternos,

---

17. S. Hushmand, *Maria nel Corano*, in *Contemplare Cristo con gli occhi di Maria*, Roma, 2003, p. 140.
18. *Ibid.*, p. 141.
19. Dante Alighieri, *Paraíso XXXIII*, 1-21, Abril S. A., 1979, p. 325.

por ti se enobreceu tanto a natureza humana
que o Criador não desdenhou
tomar a forma de criatura.

Em teu seio aviventou-se o amor
que ardendo pela eternidade
fez germinar esta flor.

No céu, és a meridiana luz da caridade,
na Terra, a fonte viva da esperança
para a frágil humanidade.

Senhora, és tão grande, tanto podes
que pedir graças ao céu, sem teu auxílio,
é o mesmo que desejar voar sem dispor de asas!

Tua benignidade não socorre
unicamente a quem ora, pedindo;
mas antes, vezes sem conta, antecipa o pedido e a prece!

Em ti misericórdia, em ti piedade,
em ti munificência estão somadas
a tanta bondade quanto possa existir, junta, em todas as criaturas!

6

O sorriso
da fé intrépida

Colóquio com Lília Sebastiani

Quando alguém se aproxima de uma meta, retomam-se os percursos e se encontra a diretriz exata, os passos mais difíceis e cansativos encontram seu real significado e colocam-se na perspectiva do êxito final. Assim este nosso peregrinar em busca de ensejos e experiências, para a descoberta do sorriso de Maria, chegou a uma espécie de porto onde todos os fragmentos devem ser recolocados em uma ordem que permita estabelecer novos pontos de referência para posteriores passos de busca e de exploração. Para reatar os vários fios de raciocínio que fui desenvolvendo em minha pesquisa, abri uma reflexão em amplo raio de ação com a amiga teóloga Lilia Sebastiani, com quem procurei sopesar o material armazenado. Também neste encontro, como ocorreu com os outros, coloca-se em primeiro plano a vontade da amiga de deixar-se envolver, de fazer-se co-participante de um percurso que se deve tornar o máximo possível extensível a outras pessoas. Juntas nos encontramos no mesmo degrau a ser superado e juntas nos escutamos e nos interrogamos para compreender algo mais.

Em meu percurso de busca, encontrei-me diante deste personagem extraordinário que é Maria, carregado de grandes títulos, reais e salvíficos, porém ainda não consigo individuar seu semblante humano de mulher, de pessoa histórica, que viveu em nossa história, que teve motivos de dor juntamente com grandes alegrias. Prevalece sempre a imagem simbólica, ao passo que se multiplicam os argumentos que nela têm sua origem. E então me pergunto se é justo procurar seu semblante, e como procurá-lo. Esses títulos impediram, velaram um olhar ou talvez o tenham salvaguardado de idealizações fáceis?

Talvez eu seja minimalista em minha aproximação de Maria; minha intenção, porém, é a de encontrar um olhar cristão puro, além do que a tradição amontoou sobre Maria.

A alternativa que você apresenta — ir atrás desses títulos reais e salvíficos ou procurar a sua face — poderia induzir a dizer: "Procuramos a sua face!", mas assim surgiria o problema do *onde* procurar, do *como* procurar aquele semblante, porque indubitavelmente os Evangelhos nos oferecem pouco. Relativamente ao excesso de presença de Maria na tradição cristã a partir de 1200, e católica a seguir, à frente de um florescer de devoções, de rosários, mistérios, sermões, êxtases, visões, títulos, privilégios etc., os Evangelhos distinguem-se por uma sobriedade deveras descarnada: Maria só tem um destaque verdadeiro nos Evangelhos da infância, e somente no de Lucas, que narra os fatos em vista de sua perspectiva; Mateus, ao contrário, narra-os na perspectiva de José, e Maria é personagem bastante marginal.

Quanto ao mais, na vida pública de Jesus, Maria não aparece muito na vida dos seguidores, só ocasionalmente é nomeada, e é preciso dizer que Jesus, nesses casos, quando fala de sua mãe ou quando fala com ela, distingue-se por certa aspereza e um constante esforço de redimensionamento. Ou seja, seu estilo não corresponde, absolutamente, ao que nós esperaríamos do excelente filho exemplar — mesmo que estejamos muito enganados, interpretando aqueles passos do ponto de vista das relações familiares, ou se Jesus queria bem à mãe, ou asneiras do gênero —; o problema que importa ao evangelista é totalmente o oposto: Jesus está constantemente voltado a salientar a relativização dos vínculos de parentesco na lógica do Reino. Isso deve ser mais importante que qualquer afeto ou relação familiar, mas não porque afetos e vínculos não devam ser levados em conta.

O quarto evangelista associa duas vezes Maria à vida pública de Jesus: no início, em Caná, e no final, sob a cruz. Os Sinópticos não recordam Maria nem entre as testemunhas da crucifixão; nenhum dos evangelistas enumera Maria entre as testemunhas da ressurreição.

Como "mulher evangélica", Maria de Mágdala — discípula predileta e primeira testemunha do Ressuscitado — é mais importante e está mais presente do que Maria de Nazaré.

Indubitavelmente, os títulos reais e salvíficos são o que de menos evangélico possa existir e de mais gratuito e, em certos casos, como "co-redentora" ou "mediadora", além de não terem suporte na Escritura, são também contraproducentes para nossa fé.

Como ir procurar sua face? O que nos oferece aquele semblante? Talvez devamos ter a coragem de admitir que o caráter de Maria, sua vida cotidiana, sua fé, sua relação com o filho são para nós desconhecidos como sua face terrena. As imagens — as artísticas, as teológicas, as mentais — talvez não sejam de ajuda, no máximo um obstáculo para encontrar seu semblante. Um semblante que existe, mesmo que não nos tenha sido transmitido.

Criamos para nós uma imagem de Maria infinitamente bela, doce, benigna, e certamente devia mesmo ser: Maria é bela, deve sê-lo, não pode ser de outro modo, porque esta sua beleza exprime toda uma série de valores associados a ela que o anjo saúda "cheia de graça": é bela pela transparência com que irradia o projeto de Deus.

A única "fala" de Maria transmitida pelos Evangelhos é o *Magnificat*: este, porém, é um hino judeu-cristão inundado da esperança messiânica dos pobres do Senhor, é inteiramente tecido de expressões do Primeiro Testamento, nem sequer uma palavra pode ser atribuída com certeza a Maria, e falta no hino qualquer referência direta às circunstâncias. Se nós conhecêssemos apenas o *Magnificat*, e não seu contexto narrativo, não nos viria nunca à mente reconhecer nele a efusão de sentimentos de uma mulher grávida do futuro Messias.

Por esse motivo, sigo um terceiro caminho nas relações com Maria. Renuncio à busca impossível de Maria como mulher, porque nos faltam os conhecimentos necessários; sei, porém, que a mulher verdadeira e humana de nome Maria viveu, é mãe de Jesus e "avançou na peregrinação da fé", para usar a linda expressão da encíclica *Marialis cultus*; é cara e importante para nós precisamente pela plenitude da sua humanidade e porque, também para ela, a fé não foi um fato inato e cômodo. Não levo em muita consideração — a não ser para me perguntar de que modo pôde surgir essa imagem — a milagrosa Rainha do Céu, vestida de sol, coroada de estrelas, adornada de todas as perfeições e mãe de todas as ternuras, mas sempre mais distante da nossa humanidade, tal como nos transmitiu a tradição dos últimos oitocentos anos. Ao contrário, procuro conceder um espaço sempre maior às pistas de reflexão em que os Evangelhos podem nos ajudar.

E é pouco o que nos oferecem, com certeza muito pouco em relação àquilo que poderíamos desejar: sabemos que os Evangelhos não são complacentes com nossas curiosidades biográficas. Não o são nem mesmo quando se trata de Jesus.

Faz dois mil anos que nos referimos aos Evangelhos e mesmo assim construíram-se figuras improváveis que mais tarde incidiram em formas de devoção pouco atendíveis.

Quando refletimos sobre Maria em perspectiva evangélica, devemos lembrar que a Escritura não pode ser usada como uma mina de materiais. Ou seja, não é correto "recortar" as perícopes que se referem a Maria para concentrar nossa atenção exclusivamente sobre elas, uma vez que, descentralizando, corre-se o risco de absolutizar, deformar, errar a perspectiva; acaba-se por ler as passagens relativas a Maria como capítulos esparsos de uma improvável biografia sua e, com isso, altera-se não apenas a imagem de Maria mas também o sentido daquelas passagens evangélicas.

Tomemos, por exemplo, o relato da Anunciação, sem dúvida o texto da mariologia mais usado no decorrer dos séculos. Se essa passagem de Lucas for lida com a atenção voltada para um episódio da vida de Maria, para sua atitude, para a humildade, para a virgindade (no sentido do que foi discutido em outros tempos, se aquela virgindade seria a situação normal de uma jovem ainda não casada, ou também uma escolha de vida, precisa e estável, até mesmo um voto...), afastamo-nos da mensagem evangélica: o conteúdo central dessa página, na perspectiva do evangelista, não é certamente Maria, mas aquele que deve vir.

O mesmo vale para a narrativa joanina das núpcias de Caná: não devemos interrogar o texto para tentar entender quais as relações que intermediavam Jesus adulto e sua mãe. Tanto a interpretação exageradamente honrosa como a interpretação "conflituosa" seriam erradas na perspectiva e encontrariam pouca sustentação da parte do texto.

Diga-se o mesmo, e vale mais ainda, para a passagem do mesmo evangelista que recorda a presença de Maria no momento da morte de Jesus. "Mulher, eis aí o teu filho", "Eis a tua mãe...". Se encararmos essa narração concentrando o interesse em Maria como mãe, como mulher, ficaremos desconcertados. Parece-nos demasiado estranha tal situação em que o filho não tem nem mesmo uma palavra de conforto para a sua dor, antes, parece que também no momento da morte, torne a reforçar uma distância dela, ao dizer que daquele momento em diante seu filho não será ele, mas um outro. Do nosso ponto de vista, pareceria de todo impiedoso. Na realidade, contudo, não interessam ao evangelista as relações entre mãe e filho, sua expressão aqui não é emotiva ou psicológica ou ética, mas sim eclesial: o grupo das pessoas que estão unidas a Jesus por vínculos de sangue (sua mãe, a irmã de sua mãe) e o grupo unido a ele pela relação discipular (o discípulo amado e Maria de Mágdala) recompõem-se sob a cruz, são uma única família, o germe da comunidade dos crentes.

Poder-se-ia dizer algo semelhante também quanto à visita de Maria a Elisabete, que desde os tempos dos Padres da Igreja tem sido lida segundo uma linha de interpretação, em certo sentido, excessivamente intimista-caritativo-assistencial: Maria vai encontrar sua parenta idosa e grávida para ajudá-la, *ergo*, Maria é exemplar por humildade e solicitude..., perdendo de vista o fato de que no centro dos interesses do evangelista há outro elemento: a viagem à Judéia (antecipação misteriosa da viagem a Jerusalém, que constitui a estrutura teológica do terceiro Evangelho); o reconhecimento do Senhor, que não havia ainda nascido, por parte do futuro João Batista, também ele não nascido ainda; o encontro de duas mulheres fisicamente portadoras do projeto de salvação: Elisabete que, com sua velhice e santidade, encarna, juntamente com seu esposo Zacarias, o que de melhor se encontrava na tradição de Israel na alvorada dos tempos novos, e Maria, a mulher entre os dois Testamentos, que creu no novo de Deus, a ponto de acolhê-lo em si.

É certamente útil e iluminador ler essas passagens com atenção, alcançando sempre novas profundidades, buscando também de maneira transparente os significados não imediatamente evidentes; todavia, não se deve esquecer que não falam de Maria — ainda que neles o papel de Maria seja relevante —, mas falam de Jesus e da salvação de Deus.

Devemos, então, ser cautelosos também ao tentar atribuir por força a Maria um semblante que quereríamos mais próximo de nós.

No último século, a mariologia conheceu uma evolução notabilíssima, passando do mais tradicional modelo "ancilar" de Maria — baseado no *Ecce ancilla Domini* — ao "discipular", no qual Maria é modelo, protótipo do discípulo do Senhor. A frase "Eu sou a serva do Senhor" interpela-nos e mostra como foi ideológica a interpretação eclesiástica tradicional. Muitos homens de Igreja, enquanto acreditavam falar de Maria, na realidade estavam descrevendo seus modelos de feminilidade, nos aspectos positivo e negativo. Comentando a frase acima citada, surgia o ideal da feminilidade como silêncio, submissão, serviço, esforçar-se pelos outros, humildade entendida como autodesvalorização e assim por diante.

Não muitos se apercebiam de que "serva do Senhor" é o feminino de "servo do Senhor". E o "servo do Senhor" é uma figura messiânica. O servo do Senhor no livro do segundo Isaías é aquele que, mediante a aceitação de um sofrimento injusto, salva seu povo; o "servo do Senhor", segundo os termos bíblicos, não tem nada de servil. E quando o evangelista põe na boca de Maria as palavras: "Eu sou a serva do Senhor", faz com que ela assuma, com pronta e sofrida disponibilidade, um papel importante na aliança. Um papel glorioso (não, porém, tão estranho como poderia parecer a nós: uma vez que o Messias esperado não devia chover das estrelas, mas ser um rei grande e justo da estirpe de David, para uma jovem hebréia não era de todo extravagante a idéia de conceber o Messias), que no tempo irá exigir dela também uma subversão dos planos normais de existência, muita dor e um caminho de contínua, fatigosa repreensão.

Uma das aquisições mais interessantes da mariologia do nosso século está em descobrir que Maria não sabe tudo desde o início, mas tem uma fé exemplar sem sombras (ou, melhor, sua fé é exemplar em suas luzes e em suas sombras): Maria "avançou na peregrinação da fé". Essa frase é usada por João Paulo II em sua encíclica mariana *Redemptoris Mater* (n. 2), mas antes ainda por Paulo VI na *Marialis cultus*.

Muitas coisas, Maria não as pode compreender improvisamente; nada sabemos do seu caráter, dos seus desejos, dos seus projetos; podemos presumir que no início se dispusesse a uma vida sem sobressaltos, a um matrimônio e a uma maternidade normais.

A concepção virginal de Jesus por parte de Maria está na mesma linha dos muitos outros nascimentos de mães estéreis e/ou idosas que narra a Escritura; o uso ou não-uso do sexo não fazem parte disso. Se também Jesus fosse fruto de uma relação normal dos seus pais como todos nós, isso não tiraria nada da grandeza do evento, nem da santidade das pessoas envolvidas. A Igreja, ao invés, na sexofobia que a caracterizou, sobretudo em certas épocas, e que foi transmitida de geração em geração, sempre recebeu e utilizou mais decisivamente em sentido moral e ascético aquela virgindade a que Lucas e Mateus atribuem um valor apenas teológico; não se contentou com a concepção virginal, mas sentiu a necessidade de elaborar a idéia da virgindade, teve de inventar a virgindade *in partum* e *post partum*, sobre a qual os Evangelhos calam absolutamente (na verdade, algumas expressões, muito discutidas por exegetas de orientação diversa, parecem caminhar na direção contrária), e a liturgia fala ainda hoje de Maria "sempre intacta na sua glória virginal...", insinuando assim, de modo nem mesmo muito sutil, que as outras mulheres mães — não mais "intactas", portanto, pois de outro modo não seriam mães — tornam-se inevitavelmente um pouco deterioradas na glória.

Por mais de uma vez a Igreja fez transparecer a idéia de que a divindade de Jesus e a exemplaridade de Maria teriam sido diminuídas pela única idéia de um nascimento normal. Assim a Assunção, o entrar na vida eterna com o corpo sem passar pela morte, é posta misteriosamente em relação com a virgindade perpétua de Maria, como se a decomposição do corpo no sepulcro estivesse em relação com a culpa do sexo vivido. Aqui, evidentemente, já não se trata de Evangelho nem de fé, mas sim de mentalidade, de esquemas de pensamento, e também de preconceitos e de medos.

Voltando lá onde começamos, eu diria que a mais promissora pista de reflexão sobre Maria é aquela que vê nela a "dobradiça" entre os dois Testamentos e a discípula *ante litteram*, aquela que se fia de Deus até o ponto de aceitar também a incompreensibilidade temporária de sentido do que lhe acontece. E no que se refere à narrativa da Anunciação, para além dos elementos míticos, é muito provável que o evangelista faça alusão a uma progressiva tomada de consciência da parte de Maria de um destino excepcional que lhe é reservado no plano da salvação; o colóquio com o anjo é uma "dramatização", por assim dizer, das resistências interiores, das dúvidas e dos trabalhos que Maria pode ter devido enfrentar, não necessariamente no decurso de poucos instantes ou em uma única circunstância, mas talvez durante grande parte da sua vida de mãe.

Sintetizamos, desse modo, muitas observações e também incertezas que as pessoas de fé católica têm nos confrontos do culto mariano e, juntos, nos propomos um plano ulterior de análise que concerne nada menos que à própria fé da jovem Maria que, uma vez recebida a grande notícia, teve de adquirir seu significado, vivendo dia por dia, ao longo de toda a sua vida.

Quando na Escritura os anjos aparecem a alguém e dizem e fazem algo, é sempre o desígnio de Deus que se revela na circunstância à pessoa.

Pelo que sabemos, Maria poderia ter tido a mensagem, a revelação progressiva de um grande evento que se realizava nela, mesmo quando o menino já houvesse nascido; sabe-se que os Evangelhos da infância têm um caráter de historicidade absolutamente diferente do restante dos Evangelhos, que também não são um relato "histórico" em sentido moderno, e têm o caráter de *midrash* (contos típicos da tradição hebraica, que reelaboram fatos e imagens do Primeiro Testamento para transmitir um ensinamento teológico em forma narrativa).

Voltemos por um momento à Visitação, ao encontro com Elisabete, um episódio de que gosto muitíssimo e que constitui uma espécie de ícone narrativo. Maria, tão logo seu coração se abriu a esse excepcional projeto de Deus que a envolve, não se fecha em um êxtase solitário, mas levanta-se "às pressas" e parte, e as formas de narrar — não importa se essa viagem aconteceu ou não — transmitem uma idéia de originalidade, independência e autodeterminação exemplares: entre outras coisas, não consta em lugar algum que alguém a tenha acompanhado. Vai da Galiléia à Judéia, para chegar àquela parenta idosa e grávida; mas por que o faz? Na interpretação mais corrente, desde a antiguidade cristã, foi dito muitas vezes algo deste teor: vai até lá porque Elisabete espera um filho em sua velhice e, coitadinha, terá tido algum problema... Banalidades que empobrecem a figura dessas duas excepcionais figuras de mulher, lançando-as à força no sulco do destino feminino mais tradicional e previsível. No Evangelho de Lucas, Elisabete, mulher de um sacerdote, jamais é apresentada como mulher "pobre" no sentido social, sozinha e necessitada de ajuda: a sua pobreza consiste, no máximo, em não ter filhos. Com toda a certeza, dispunha de uma fileira de mulheres — parentes, amigas, vizinhas — prontas a ajudá-la e assisti-la, com muito maior eficiência do que poderia fazer uma jovenzinha que vinha de longe, totalmente inexperiente em gravidez e partos.

Maria levanta-se "às pressas" e vai. É a pressa do discípulo; lembra-nos a samaritana que, tão logo compreendeu a excepcionalidade daquele a quem encontrou, largando o cântaro na fonte, *corre* para anunciar que há um homem que conhece os segredos do coração; ou Maria de Mágdala, que corre para anunciar aos outros discípulos ter visto o Senhor ressuscitado; ou também, no próprio Evangelho da infância, os pastores de Belém que, apenas recebido o anúncio dos anjos, *vão* para ver e, juntamente, prestar homenagem; ou ainda, sempre em Lucas, os discípulos a caminho de Emaús, os quais, uma vez reconhecido Jesus, parecem esquecer a razão que os impelia para Emaús e voltam atrás, às pressas, a Jerusalém, a fim de narrar sua experiência...

Quem é testemunha de um evento excepcional da salvação sente a necessidade de correr para contá-lo aos outros: é um impulso comunial e comunitário, testemunho e renovação de vida, e fora disso qualquer outra coisa perde sua importância: deve-se apenas contar o que aconteceu, ajudar os outros a crescer no espírito.

Nesse sentido, Maria vai à Judéia para colocar em comum com essa outra mulher, da qual soube pelo anjo ter uma maternidade semelhante à sua, humanamente impossível, sua experiência e sua jubilosa perturbação. Portanto, o encontro dessas duas mulheres, marcadas pelo desígnio de Deus, é um evento extraordinário e tem também um valor "ecumênico", por assim dizer: é como o encontro no mistério entre a tradição hebraica e o cristianismo, que, historicamente, ainda não existe.

O Evangelho da infância narrado por Lucas abre-se e encerra-se em referimento ao Templo com dois casais de velhos santos: no início, há Elisabete e Zacarias, pais do Batista, e no final a velha Ana e o velho Simeão (não casados entre si, todavia sempre "correspondentes", associados no Templo e no reconhecimento do Messias). Esses dois casais de velhos santos exprimem misteriosamente a espiritualidade e a expectativa dos justos do Primeiro Testamento, e Maria está no meio como conexão: sua juventude e também sua virgindade exprimem o novo, o imprevisível no agir de Deus.

Somos nós, então, que devemos nos apropriar de uma espécie de código mais articulado de compreensão, para melhor entender o que de grande, com poucas palavras, os Evangelhos nos dizem de Maria e o que a tradição consolidou.

Minha compreensão de Maria procede um tanto por ícone; não posso dizer: "Maria fazia, dizia, pensava isto ou aquilo", porque não o sei, mas há imagens que me ajudam a entender. Maria na Anunciação, Maria serva do Senhor, Maria que vai visitar Elisabete, Maria do *Magnificat*, Maria na gruta de Belém, Maria nas núpcias de Caná, Maria sob a cruz. São imagens que podem ser analisadas teológica e simbolicamente; e a imagem simbólica é mais rica e pregnante, em sua polivalência, do que a linguagem conceitual que permanece num único sentido.

Sempre como ícones, embora de um tipo diferente, menos vinculadores porque não evangélicos, estou começando a usar também os dogmas marianos, como a Imaculada Conceição e a Assunção: têm um forte alcance sugestivo e um forte significado teológico, com a condição, porém, de que não sejam tomados como proposições autoritárias que nos constrangem a crer em certas peculiaridades extra-humanas de Maria, mas como misteriosas prefigurações do nosso próprio destino. Por exemplo, a Imaculada Conceição: uma festa que nos chama a procurar nossa verdadeira face, a face de quem é amado por Deus. Não por estéreis complacências e satisfação prematura, mas para agarrar nossa vocação, além dos limites, das sombras e das resistências, para melhor compreender e fazer-nos testemunhas.

Assim a Assunção, além do fato de que — como a Ascensão — pressupõe um mundo "em dois planos", com uma terra embaixo e um céu no alto, como se fossem pavimento e teto, obviamente significa que sobre Maria a morte não tem nenhum poder, que Maria participa da glória de Deus com todo o seu ser, desde já, com seu ser inteiro. O mesmo caberá também a nós; entraremos na vida eterna com toda a nossa identidade pessoal e, portanto, também com nossa corporeidade. Não certamente com o corpo entendido como realidade biológica, mas nossa corporeidade, princípio congregante e sinal eficaz da nossa humanidade animada pelo Espírito de Deus. Nesse sentido, também a Assunção é prefiguração do nosso destino.

Se, ao contrário, esses dogmas marianos (e o culto e a pregação que lhes dizem respeito) são utilizados para salientar os privilégios excepcionais e únicos de Maria, tornam-se inúteis ou de todo contraproducentes para o viver cristão; algumas vezes penalizantes.

Consideremos a virgindade e a maternidade. Se assumimos uma e outra, corretamente, como arquétipos, compreendemos que todo ser humano, homem ou mulher, tanto mais se discípulo de Cristo, é chamado a viver estas dimensões — maternidade, virgindade e, acrescentamos, o esponsal — que nada têm a ver com as escolhas de vida concretas, quais sejam casar-se ou não, ter filhos ou não tê-los. Se, ao contrário, forem assumidas como únicos caminhos de realização para a existência feminina, faz-se desses modelos um uso distorcido e ideológico. E esquece-se de que também um homem pode ser virgem ou esposo ou pai, mas nenhum sonharia defini-lo para si mesmo a partir dessas determinações.

Maternidade e virgindade de Maria foram tratadas a fundo, além do limite da conveniência, na tradição cristã, muitas vezes com a conseqüência implícita de desvalorizar todas as outras mulheres que se virgens não podem ser mães, se mães não podem ser virgens; pelo fato de que, além disso, virgindade e maternidade parecem absorver todo o positivo associável à feminilidade, daí deriva uma depreciação ainda mais grave para a mulher não-virgem-não-mãe.

Redescobrir a face humana da mulher Maria quer dizer reler e reencontrar nela a sua simbologia e encontrar a face em um confronto contínuo entre nós e ela. Sem pretender abaixá-la ao nosso nível, mas sem esquecer tampouco que ela tem nossa face. Enriquece-se uma relação vital que não é de mera e simples devoção. Também a busca de um sorriso torna-se um percurso imprevisto de pesquisa de nós mesmos: é disso que talvez Maria possa verdadeiramente sorrir!

A mulher Maria teve um semblante humano; o problema é que nós não o conhecemos e às vezes é necessário admitir honestamente o que não se conhece. Não está em jogo o nosso afeto filial e fraterno pela primeira mulher do Novo Testamento, para nós tão cara e importante, ao menos enquanto é a mãe de Jesus.

Podemos, isto sim, intuir que tenha sido exigida de Maria uma série progressiva de renúncias às "projeções" maternas, aos sonhos que são normais para toda mãe. Seu filho primogênito, e quiçá unigênito, não fez as coisas costumeiras que se podem esperar de um filho: conduziu uma vida irregular, atraiu sobre si muito entusiasmo popular juntamente com muitas críticas e inimizades, morreu de maneira atroz e ignominiosa na flor dos anos.

É uma leitura conclusiva extremamente árdua, porque reler uma vida à luz da morte final do filho e da sua ressurreição projeta sobre toda a vida um significado diferente.

Também disto é difícil falar: após a ressurreição de Jesus, não sabemos mais nada de Maria, embora seja provável que por certo tempo — conforme dizem os Atos — tenha permanecido com os discípulos na primeira comunidade em Jerusalém. Quando, no entanto, se desencadeia a perseguição e os sequazes se dispersam, o que terá feito Maria? Provavelmente, terá voltado para sua casa, em Nazaré.

Há com certeza duas tradições sobre a conclusão da vida terrena de Maria. Na Turquia, em Éfeso, a casa em que Maria teria vivido com João é meta de peregrinações; mas em Jerusalém encontra-se a igreja da Dormição que é testemunha de uma tradição segundo a qual Maria teria morrido precisamente em Jerusalém.

Há também aqui uma ambigüidade, uma incerteza insolúvel, talvez providenciais. Existem certas obscuridades, certas nebulosidades, que são mais "salvíficas" do que as coisas claras e nítidas, mais produtivas para o nosso espírito.

Fazendo esse percurso, encontro coisas que nunca nos ensinaram, no sentido de que para uma mulher de hoje é difícil colocar-se em linha de compreensão com uma mulher como Maria, excessivamente elevada ou velada por devocionismos e por interpretações impróprias. Ao passo que na verdade evangélica encontra-se uma clareza de significados dos quais não há razão para afastar-se.

O que às vezes impede uma mulher crente de hoje de manter uma relação com Maria, o motivo pelo qual certa figura de Maria se torna trabalhosa para ser digerida por uma mulher crente adulta, não é certamente imputável a Maria, mas ao modo como sua figura foi confeccionada e imposta ao longo dos séculos. Em âmbito católico, até meados do século XX, houve uma insistência até excessiva quanto à figura de Maria, culminada exatamente com o ano mariano de 1950, que assinala um excepcional florescimento de estudos, devoções, pregações e assim por diante. Durante o Concílio Vaticano II, como se sabe, a ala conservadora dos padres conciliares queria um documento específico sobre Maria e desejava a oficialização de certos títulos, tais como "mediadora" ou "co-redentora", a ala progressista resistia e no final chegou-se, como em muitos outros casos, a uma espécie de compromisso: um capítulo sobre Maria foi posto na constituição dogmática sobre a Igreja, a *Lumen gentium*.

Paulo VI, por sua própria iniciativa, proclamou Maria "Mãe da Igreja" (esse apelativo agora faz parte das ladainhas lauretanas), independentemente do Concílio. O título pode parecer uma coisa afetuosa e inócua, mas não o é de todo, e na verdade havia suscitado dificuldades e discussões: declarando Maria "Mãe da Igreja", ela é colocada acima e fora da Igreja, eclipsando Maria como mulher crente e membro da comunidade dos crentes em Cristo.

O Concílio reconduz o culto de Maria às suas raízes escriturísticas, e isso relativiza a importância de muitas devoções, visões, práticas piedosas e coisas do gênero (que, mesmo assim, não desaparecem): voltar ao Evangelho é purificador, ajuda a distinguir entre o essencial e o acessório.

Devido, talvez, aos excessos precedentes, talvez pelo temor do novo, talvez também por escrúpulo ecumênico, nos primeiros anos após o Vaticano II, o tema de Maria foi um tanto evitado pelos teólogos. No último quarto de século, Maria foi redescoberta pela teologia, pelos crentes adultos, homens e mulheres, porém em uma luz diferente, como se disse: uma luz que pode parecer mais pobre, em sua essencialidade, mas é muito mais rica de sentido, porque significa voltar aos testemunhos evangélicos, deixando de lado certas florescências incontroladas e certas imagens de Maria que nos ajudam a compreender, bem mais que Maria de Nazaré, as características psicológicas daqueles que formavam sua imagem.

As páginas do Evangelho, lidas com olhar novo, podem nos dizer muito mais e algo diferente do que estamos habituados a encontrar dentro de nós.

O *Magnificat*, por exemplo, ao qual já fizemos alusão, por longo tempo considerado um "discurso de Maria", ao passo que é um hino judeu-cristão que Lucas adapta às circunstâncias (embora seja significativo que o faça ser pronunciado pela jovem mulher habitada por Deus), não nos parece o canto de uma gestante: é um canto ao mesmo tempo pacifista e subversivo, um canto de humildade e de consciência de si. Com efeito, Maria diz que Deus "pôs os olhos sobre a sua humilde serva", mas sua humildade não é certamente a tradicional, parecendo também em seu poder a exaltação espiritual: "O Todo-poderoso fez por mim grandes coisas. [...] Todas as gerações me proclamarão bem-aventurada".

Até mesmo aquelas passagens que nos perturbam porque Jesus parece áspero com sua mãe, lidas com olhos abertos, revelam riquezas inesperadas. Por exemplo, quando Jesus adulto reage ao entusiasmo da mulher que grita do meio da multidão: "Bem-aventurada aquela que te trouxe no seio", dizendo: "Bem-aventurados antes os que ouvem a palavra de Deus e a observam" (Lc 11,27-28), pode parecer que Jesus não dê muita importância à mulher que o pôs no mundo; mas lembremos que esse dito é transmitido por Lucas, e que o mesmo Lucas, no Evangelho da infância, faz Elisabete dizer a Maria: "Bendita aquela que creu: o que lhe foi dito da parte do Senhor se cumprirá" (Lc 1,45). Portanto, Jesus não está rechaçando a bem-aventurança, mas sim aprofundando-a: Maria é reconhecida bem-aventurada não pelo fato fisiológico da maternidade, mas por ter acreditado na palavra de Deus; bem-aventurada não enquanto mãe de um filho excepcional (sendo este um dom de Deus, e não mérito seu), mas enquanto protótipo do discípulo, como foi dito.

A religiosidade popular, que desde a Contra-reforma tem crescido em devoções marianas, afinal não beneficiou muito os crentes, e como se pode agora modificar o que não corresponde mais aos nossos tempos, em razão de sensibilidade e saber teológico?

Já é reconhecido por todos o fato de que a religiosidade popular, além do sentimento puro de fé do povo cristão, conserva muitas formas de paganismo inconsciente de si mesmo e submetido a apenas uma mão de verniz cristão superficial; o culto mariano em particular, indagado com instrumentos antropológicos e históricos, revela uma grande complexidade na qual nem tudo é originariamente cristão. No culto a Maria confluem em parte os vários cultos da Grande Deusa difundidos na área mediterrânea. Pensemos nas estátuas da Madona com a lua e a serpente sob os pés: Gênesis e Apocalipse não são suficientes para explicar o excepcional sucesso figurativo dessa imagem.

Atua, em parte, uma aspiração inconsciente, muitíssimo incorreta, mas não de se desprezar, e muito menos de se ignorar: na semidivinização de Maria pode-se reconhecer (mesmo em tempos de indiscutido patriarcado) um secreto senso de insuficiência devido a uma Trindade toda no masculino, a necessidade de possuir um divino também de traços femininos e maternos; em suma, a necessidade de associar de algum modo também o feminino à transcendência... .

Do século XIII em diante, quando se consolidou o culto a Maria, paralelamente ao culto do sofrimento da paixão, a teologia elabora uma imagem de Deus severa, que afasta; o homem medieval fala sempre de Deus como Bem sumo, mas tem um medo tremendo desse Bem sumo; chama-o "Pai", mas o considera juiz. Quase para equilibrar essa imagem, percebe-se a necessidade da "Mãe", celeste, sem dúvida, porém boa, terna, doce, com capacidade para interceder em favor do filho junto ao pai demasiado severo.

No mesmo período, os atributos das três pessoas da Trindade eram um tanto confusos, ou talvez mesclados intencionalmente, e na aproximação da figura de Cristo delineia-se uma ostentosa esquizofrenia: de um lado, o impassível *Pantokràtor*, que volta na glória para pronunciar o juízo sobre o mundo; do outro, o homem das dores, ultrajado e paciente. Com este Cristo que não se defende da crueldade humana, que parece abandonado pelo Pai é que o homem da Idade Média tende preferencialmente a identificar-se: Francisco de Assis chorava fortemente, com uma participação afetiva total, quando meditava sobre a paixão. Ainda hoje, nos territórios da Úmbria, e em muitas outras regiões, é assaz mais sentida pelas pessoas, no plano religioso e emotivo, a procissão do Cristo morto, a tarde da Sexta-feira santa do que as celebrações pelo Ressuscitado do dia de Páscoa. Estas últimas envolvem somente os crentes praticantes, a procissão de Sexta-feira santa envolve em muitos casos também aqueles que em outras circunstâncias não vão à igreja. Esse Cristo dilacerado é sentido "próximo", solidário com os sofrimentos e a precariedade do homem: as devoções que chegam a arraigar-se correspondem, habitualmente, a exigências interiores precisas, mas nem sempre a exigências de fé.

Mais ainda, recordemo-lo, em nossa tradição espiritual, a dor é considerada aceitável, meritória e espiritualizável, mais que o júbilo e a alegria; assim, nenhum teólogo colocará em dúvida que Jesus tenha sofrido, que se tenha entristecido; mas que Jesus tenha se alegrado, rido, que tenha gozado de momentos alegres, parece quase uma coisa vagamente impiedosa.

Vale a pena procurar esse sorriso e pensar que deve ser procurado?

Flevit aliquandum, nunquam risit: era uma sentença da teologia de outros tempos. Hoje não se diz mais. Não obstante, a dor continua a parecer mais produtiva e mais conveniente que o sorriso. É verdade, os Evangelhos recordam um par de ocasiões em que Jesus chorou, e nenhuma nos diz que ele riu; mas isso não significa que nunca tenha rido; antes — a julgar por suas narrativas e por suas maneiras de se relacionar com os outros —, Jesus parece um homem capaz de ironia e de finíssimo senso de humor.

Retornando a Maria, certamente é preciso que se compreenda o que entendemos com seu sorriso. Você, com certeza, tomou como ponto de partida as palavras do anjo: "Alegra-te, ó tu que tens o favor de Deus..." (que entre parênteses têm um *background* bíblico: "Alegra-te, Jerusalém...", que usualmente foge aos cristãos, se não forem conhecedores expertos da sagrada Escritura e, portanto, não devem ser primariamente interrogados sobre um plano, digamos assim, psicológico).

Maria terá, em sua vida, sorriso e pranto, como toda criatura que conhece uma humanidade plena: acreditamos nisso sem hesitar, e outra coisa não se pode dizer, porque nada sabemos. No entanto, em termos teológicos, o sorriso não é uma risadinha, mas o reflexo de uma fé intrépida de quem sabe que Deus é fiel às suas promessas e sabe que existe um sentido, mesmo quando não se consegue discerni-lo. O sorriso é a beleza, a harmonia, é o sentir que a própria vida constitui, de algum modo, parte de um plano de Deus, preenchida por esse desígnio divino.

Nós o traduzimos por "ave", mas é, ao invés, "alegra-te!", a saudação do anjo, porém o anúncio de uma maternidade que não é fácil não se apresenta exatamente como motivo de alegria. Por que, pois, deve alegrar-se? Só porque terá um menino? Isso é humano e normal, mas, com certeza, não é suficiente. *Alegra-te*: porque as promessas de Deus a seu povo estão se realizando, porque haverá um cumprimento das promessas de Deus; *tu que tens o favor de Deus*: Deus te cumulou com seus dons, com sua força santificadora. Nós cristãos chegamos a transformar a "cheia de graça" na "cheia de graças", quase como se fosse um distribuidor semi-automático de graças, entendidas como favores especiais a serem impetrados do alto; as pessoas acham mais fácil pedir a Maria, como se pedir diretamente a Deus significasse tomar-se de excessiva confiança.

A oração de súplica, mesmo que possa resultar como sendo imatura, interessada e "pagã" (no sentido de que é a forma de oração mais difundida nas religiões primitivas), não é desprezada: com efeito, significa associar Deus aos nossos momentos de extravio, de busca, e colocar diante dele a nossa fragilidade e a nossa necessidade; é um modo de viver em sua presença e de experimentar a fé. Com tudo isso, a atitude de quem pede a "graça" a Maria, ou ao santo preferido, faz pensar em um pobretão que não tem a coragem de dirigir-se diretamente ao poderoso de plantão (também porque não crê inteiramente na gentileza e disponibilidade do poderoso em questão) e faz-se recomendar pelo secretário ou pelo jardineiro.

Por essa razão, transportando-nos a um plano mais teológico, escandaliza-me profundamente o fato de que alguns ainda defendam a solene proclamação de Maria "co-redentora" ou "mediadora": já temos o redentor, o mediador entre Deus e o gênero humano, e é Jesus que trouxe o Pai aos homens e leva os homens ao Pai; obviamente, Jesus, verdadeiro homem e redentor por meio da sua plena humanidade, para nascer, teve, sem dúvida, necessidade da "mediação" dos seus pais, do seu amor, da sua disponibilidade, mas isso não significa dar a Maria o título de mediadora ou de co-redentora, a não ser no modo como cada um/a de nós está associado/a no mistério ao projeto de salvação de Deus.

Assim sendo, não penso no sorriso de Maria como efeito e sinal de bom humor, mas sim como promessa de alegria que ela vive e ela encarna. Nesse sentido, podemos contemplar no mistério o sorriso de Maria também no cume da dor.

Cremos também na dimensão mais humana daquele sorriso? Sim, porque Maria amou e foi amada.

Além disso, mesmo que os Evangelhos não contenham indicações psicológicas e não sejam complacentes com nossas curiosidades modernas, existe algo que, com prudência, talvez possamos afirmar, baseados no testemunho evangélico. Hoje, todos são unânimes em reconhecer que o influxo da mãe é determinante na formação da personalidade do filho, principalmente homem; então, pensando no modo como Jesus age, no modo como se relaciona com as mulheres — fraternalmente, sem medo nem paternalismo, nem desprezo, nem implicações eróticas fora de lugar —, acreditamos que um homem capaz de tal novidade e liberdade de atitudes deve ter tido uma relação saudável e livre com a mãe; e talvez a mãe, de sua parte, devia ser uma pessoa extremamente livre, luminosa e positiva. Sim, creio que possamos afirmar isso.

Em Caná — o milagre do "supérfluo"! — Maria não é a dona de casa e não obstante intervém, como se fosse espontaneamente propensa ao acolhimento, à atenção, a tomar a si qualquer precariedade dos outros, ainda antes mesmo de seu pedido. Se for lembrado o que significa o vinho da Escritura — abundância, festa, embriaguez, intensificação da simples alegria humana do estar juntos —, dizer: "Eles não têm vinho" equivale a dizer: "Não têm mais júbilo, não têm mais amor, não têm mais alegria... e então, faz tu alguma coisa!". Maria chama o filho a doar um suplemento de vida, de sentido, de alegria.

Qualquer mãe hebréia normal do tempo de Jesus, diante da resposta um pouco brusca — "Que queres de mim, mulher? A minha hora ainda não chegou" — dada a ela pelo filho homem adulto, teria ido para outra parte; Maria, com tranqüila autoridade, dirige-se aos servos como se o filho houvesse concordado: "Fazei tudo o que ele vos disser".

As palavras de Maria que ressoam no ouvido de todo crente. Sem devocionismo, Maria, que não é portadora do verbo próprio, nos indica Jesus: "Fazei tudo o que ele vos disser". Maria tem o senso da urgência, sabe quanto é importante o cotidiano, o momento que passa da realidade. Com essa fé e essa energia, consegue fazer nascer antecipadamente uma realidade latente: é como se em Caná, naquele momento, gerasse Jesus à vida pública. E Jesus fará como ela pediu. Sem economias. O sentido do júbilo em Maria torna-se atenção à alegria e à festa dos outros.

"Eles não têm vinho", e as jarras de pedra são cheias de água: existe uma referência à Lei, que servia para tornar palpável e experimentável a presença do Senhor, em meio a seu povo. Em seu tempo, porém, a lei estava continuamente exposta ao risco da exterioridade, do formalismo, da auto-segurança. Maria talvez o intuísse: uma salvação triste, que aborrece, não é salvação.

Conclusão

Entre a introdução e a conclusão de um livro, flui uma torrente de palavras, com um andamento nem sempre regular; torrente às vezes impetuosa, às vezes mais pacata; em um ponto é leve e transparente, em um outro mais insinuante ou mais estagnante, mas é sempre também uma dinâmica que parte de um ponto de dimensões reduzidas para uma desembocadura final, tendente a outro fluxo de água mais amplo e vigoroso. Também eu gostaria de concluir minha pesquisa confiando os elementos recolhidos no percurso, e organizados para uma reta final, para um andamento de reflexão mais ampla e envolvente; basta-me pensar em ter argumentado sobre um tema e fornecido a alguém impulsos estimulantes, um exemplo de pesquisa, para solução de dúvidas, reduzindo os estereótipos já oxidados pelo tempo, e, quiçá, para empreender uma outra pesquisa, sempre enriquecedora, com novas motivações.

Tendo partido de um ponto quase inexistente, o sorriso de Maria, encontrei-me em um mar de questões e de temáticas, a tal ponto que encontrei a máxima dificuldade em conter a pesquisa dentro de um único binário. Isso me fez compreender como, no desejo talvez de delimitar o campo, muitos crentes vão em busca de pontos precisos de referência, até quase poderem dizer: "Isto é o que sei, e me basta", e renunciam a procurar além. Preferem manter as certezas infantis, ou adaptar-se aos esquemas transmitidos de velha data, a abrirem-se àquele estupor da vida nova que moveu Maria em toda a sua existência. Nosso tempo parece não aceitar e nem sequer suster quem continua a fazer-se perguntas, a criar novas motivações e razões do viver; e também no campo da fé parece ter sido esquecida a fé inserida no diálogo de Maria com o anjo.

A tradição cristã indicou-nos Maria como modelo para homens e mulheres de todos os tempos: Maria é a humanidade que Deus ama e sobre a qual derramou sua graça. Não obstante, nós nos adaptamos a secundar mais uma lembrança ou uma nostalgia do que descobrir uma relação autêntica com uma pessoa que nos compreende, que sabe o que vivemos, que, todavia, não é "uma imagenzinha" ou "uma estatueta" de cera, mas sim, antes, a "bem-aventurada" porque creu.

Por outro lado, pergunto-me por que nunca nos foi transferida uma imagem de Maria como Madona dispensadora de graças, símbolo alto e inacessível traduzido em um modelo de mulher dócil, submissa, destituída de decisões — a não ser a de renunciar a um desígnio próprio de vida —, esmagada pela dor por si, pelo filho e por toda a humanidade, quando outra coisa é o que ela é e que Deus pensou dela. E outra é a consciência das mulheres na sociedade e na Igreja. Muitos continuam a ser os contrastes e as contradições que se encontram quando se argumenta sobre aquela que é a Mãe de Deus e, junto, a mulher histórica quase desconhecida pelos poucos elementos biográficos dos quais dispomos: melhor dizer que, ainda hoje, devemos começar do princípio a colocar-nos à escuta de Maria, a olhar nosso tempo com seu modo paciente de procurar o significado dos eventos da história e a falar ao mundo contemporâneo com uma linguagem que não traia a verdadeira mensagem de Maria. E procurá-la com os critérios de pesquisa de que podemos dispor.

A grande desarmonia que encontrei está entre o que a teologia tem proposto no decurso dos séculos e a pastoral que, em vez disso, parece continuar a preferir os Evangelhos apócrifos aos canônicos, alimentando expectativas miraculosas nos confrontos da Madona, antes que uma fé de pessoas adultas, responsáveis, em relação verdadeira e jubilosa com Deus.

Como meus interlocutores foram repetindo, pensar em Maria implica retornar para dentro de si mesmos e rever a própria referência última. Maria amou e foi amada. Maria ama e é amada também hoje. Maria educa ao amor, um amor que sabe acolher também a dor. Maria creu e por isso é crida. Não sei encontrar uma síntese melhor para definir as razões do sorriso de Maria. E contemplando seu sorriso podemos melhor compreender a nós mesmos.

Bibliografia

Maria icona della tenerezza del Padre. La spiritualità mariana nell'esperienza del Carmelo. Atti del II Congresso carmelitano, Sassone 1989, organizado pela Fraternidade carmelitana de Pozzo di Gotto, Augustinus, Palermo, 1992.

Maria nel cristianesimo, in *Ambrosius*, n. 2-3/99, p. 101-207.

ACCATINO, Ornella, *Una madre di nome Maria*, Cittadella, Assis, 1994.

ALZIN, Josse, *Il libro della gioia. Tutte le parole della Sacra Scrittura sulla gioia*, Âncora, Milão, 1971.

BATTAGLIA, Oscar, *La madre del mio Signore. Maria nei Vangeli di Luca e di Giovanni*, Cittadella, Assis, 1994.

BELLO, Antonio, Maria donna dei nostri giorni, suplemento da revista *Jesus*, maio 1993.

BENASSI, Giovanni, *La gioia nascosta. Alla ricerca della felicita di Gesù*, Cittadella, Assis, 2003.

COLZANI, Gianni, *Maria, mistero di grazia e di fede*, San Paolo, Cinisello Balsamo, 1996.

COMUNITÀ DI BOSE (org.), *Maria. Testi teologici e spirituali dal I al XX secolo*, Mondadori, Milão, 2000.

GROSSI, Gabriella, *Maria custodiva e meditava la Parola*, EMP, Pádua, 2003.

GRUPPO DI DOMBES, *Maria nel disegno di Dio e nella comunione dei santi*, Qiqajon, Magnano, 1998.

MAGGI, Alberto, *Nostra Signora degli eretici. Maria e Nazaret*, Cittadella, Assis, ^{4}2003.

MERINI, Alda, *Magnificat, un incontro con Maria*, Frassinelli, Milão, 2002.

PANTEGHINI, Giacomo (org.), *Evangelizzare e lasciarsi evangelizzare dalla pietà popolare*, EMP, Pádua, 1996.

_____, *La religiosità popolare. Provocazioni culturali ed ecclesiali*, EMP, Pádua, 1996.

RAVASI, Gianfranco, *L'albero di Maria. Trentun "icone" bibliche*, San Paolo, Cinisello Balsamo, 1993.

SARTRE, Jean-Paul, *Bariona o il figlio del uomo. Racconto di Natale per cristiani e non credenti*, Marinotti, Milão, 2003.

SBARAGLIA, Alba (org.), *Contemplare Cristo con gli occhi di Maria*, Città Nuova, Roma, 2003.

STELLA, Rosetta (org.), *Sul Magnificat*, Marietti 1820, Gênova, 2001.

TUMINO, Salvatore, *La gioia: anelito del tuo cuore*, Sion, Ragusa, 2002.

Este livro foi composto nas famílias tipográficas
Cantoria e *Giddyup*
e impresso em papel *Reciclato 90g/m2*

Edições Loyola

editoração impressão acabamento

rua 1822 nº 347
04216-000 são paulo sp
T 55 11 2914 1922
F 55 11 2063 4275
www.loyola.com.br